孤高の法医学者が暴いた足利事件の真実

梶山　天

（『朝日新聞』元東京本社特別報道部長代理）

目次

第1部　足利事件

プロローグ――真犯人……10

第1章　事件発生

消えた少女……12
精子……13
最後の会話……15
赤いスカート……18
尾行……19
ティッシュペーパー……21
肌着の鑑定……22

第2章　逮捕

任意同行……27
アダルトビデオ……29
自白……33
メディア操作……36
別件捜査……41
改竄……52

第3章　裁判

検事調べ……59
初公判……62
鑑定の欠陥を発見……63
科警研に警告……72
「やってません」……75
「勘弁してください」……82
宇都宮地裁判決……89

第4章　弁護

数字だけの置き換え……93
控訴審……97
押田鑑定1――毛髪……101
押田鑑定2――兄弟……104
肌着……106
再鑑定を依頼……110

第5章 前哨戦
検察の条件……121
弁護側の反対意見……127
東京高裁……131

第6章 再鑑定
電話……135
鑑定人尋問……138
千葉刑務所……143
MCT118不一致……148
教えあった鑑定データ……153
キットの欠陥……157
「もう疲れました」……161
機密漏洩……164
鑑定書提出……168

第7章 鑑定排撃
迷走する裁判所……170
母親の鑑定……175
意見書——科警研所長……180
証人尋問なし……187
「早期結審を望む」……188

第8章　再審そして真犯人

真犯人の影……192
〝全量消費〟……193
一致……198
鑑定人尋問……205
鑑定崩壊……208
900ng……210
「非常に深刻に思っているところです」……214
無罪……217
バッシング……221

第9章　水面下の動き

横山ゆかりちゃん事件……224
群馬県警……228
検察の使い……233
大学に介入……238

エピローグ――置き去りにされた人たち……251

第2部　DNA鑑定の現在

DNAとDNA鑑定……256
MCT118法とSTR法……257
DNA鑑定運用指針作成の取組み……259
ありえないDNA〝全量消費〟……261
口実は〝予算〟……265
〝独占〟の危険……267
独立した第三者機関の設立が急務……269

あとがきにかえて……273
消極意見の排除／白紙調書／DNA鑑定を妄信
違法な検察の取調べ／判決文の欠陥／真犯人へ

【おことわり】

ＤＮＡにはある部分を〝単位〟とする塩基の反復配列があります。その塩基の並び方や反復数は、各人によって異なります。その個人差を含む部分を型分類したものが「ＤＮＡ型」です。そして、その検査結果を「ＤＮＡ型鑑定」といいます。

一方、「ＤＮＡ鑑定」という言い方もされます。これは広義の概念です。すなわち、型分類されようがされまいが、あらゆる形のＤＮＡ検査が含まれ、その検査結果を踏まえて鑑定嘱託された質問事項への回答となる判断を示したものです。本書では主に、広義の「ＤＮＡ鑑定」を用いました。詳しくは第2部をご参照ください。

また、本文中に「試料」「資料」の混在する部分があります。本来、前者は実験や検査対象となりうる客観的なものを意味し、後者は情報を引き出しうる対象（文献や会話、メモなども含めた主観的な情報）を意味しますが、本書で引用している文書ではこの使い分けが明確ではありません。原典に敬意を払い、本書ではママとしました。

なお、会話・引用部分における〔　〕内は著者による語句説明、短い注は本文中に〔　〕で割注にしました。

第1部　足利事件

プロローグ――真犯人

そんな馬鹿な――鑑定結果を見て、本田克也・筑波大学教授は目を疑った。自分の間違いかもしれない。そう思い、汚染がないように新しい試薬を使って、本田が過去の研究で開発した新たなプライマー［人工合成された小さなDNAの断片］を用い、考えられるかぎりの方法を駆使して慎重に実験を繰り返した。しかし、結果は同じだった。科学警察研究所が間違っていたのか？

実験は数百回を超えた。しかし、やればやるほど科警研の鑑定結果との違いが大きくなっていった。有罪判決が下され、無期懲役の刑に服してから17年。何度も再審請求を行なっているが、そのつど裁判所に却下されているではないか。それが、本当は無実だというのか。そんなことはあるはずがない。しかし……、この結果は本物だ。

〝たぐいまれなるＤＮＡ鑑定の才能の持ち主〟――本田を知る捜査関係者は彼をこう呼ぶ。過去、数々の事件を解決するためには本田の力が不可欠だった。大阪大学医学部助教授時代には、大阪府警察科学捜査研究所の顧問にも就任し、数えきれないほどの鑑定嘱託を受けてきた。全国の検察や警察からも、難事件の鑑定依頼がたくさんあった。再審請求事件としては日本初となった、札幌高等裁判所による裁判所嘱託の鑑定では、世界最先端の技術を駆使して行なった。沖縄県では初めての、那覇地方裁判所沖縄支部の裁判所嘱託をすることになった強姦事件でもＤＮＡ鑑定を行なった。理由は、本田がトップレベルの技術を持っていたからだ。どの裁判においても鑑定結果はすべて証拠採用され、被告人は有罪となった。検察や警察の間で、「困ったときの本田頼み」とささやかれる人物だった。

それが、考えてもみなかった事態に遭遇した。本田は数日前に千葉刑務所で会ったばかりの、ある人物のやせ衰えた顔を思い浮かべた。足利事件の犯人として無期懲役の判決を受け、受刑していた菅家《すがや》利和《としかず》さんだ。本田は目の前の検査データを改めて見た。この結論が偽物であるはずがない。ということは……。

世界中でたった一人、恐ろしい真実を知ってしまったことに気がついた。椅子に座り込んだまま、身体から力が抜けていく感覚に見舞われた。背筋に戦慄《せんりつ》が走った。これからどうなるのだろう。この結果が、今後の再審請求審裁判で認められるのだろうか。菅家さんは、そして、かつて彼を裁いた人たちは、これからどうなるのだろう。

しかし、真犯人が菅家さんでないことは明らかだ。真犯人はこのＤＮＡの型を持った男だ。幼い少女たちを殺したにもかかわらず、今もこの空の下のどこかで、自由を満喫しながらのうのうと生きている――。

第1章　事件発生

消えた少女

栃木県南西部に位置する足利市は群馬県との県境でもあり、延長107・6キロの一級河川・渡良瀬《わたらせ》川が市の中心部を横断するように流れている。事件はその川沿いで起こった。

1990年5月12日土曜日の夕方、保育園児の松田真実ちゃんは父親に連れられ、渡良瀬川沿いにあるパチンコ店「ロッキー」に来ていた。父親が気づいた時、真実ちゃんの姿はなかった。父親は妻に電話をかけ、駆けつけた妻とともに周辺を探しまわった。河川敷の方も探したが、当時その一帯に街灯はなく、夜中は真っ暗で見通しはかなり悪かった。真実ちゃんを見つけられなかった父親は、同日午後9時45分に足利署に駆け込んだ。報告を受けた栃木県警は捜査員を招集して捜索を行ない、翌13日午前10時20分頃、ロッキーから約400メートル離れた河川敷で、仰向《あお》けにされ変わり果てた姿の真実ちゃんを発見した。真実ちゃんの周りには、背の高い葦《あし》がうっそうと生い茂っていた。

14日、遺体発見現場から南へ40メートルほど下流の浅瀬で、真実ちゃんがはいていたスカートが発見された。褐色のネコヤナギの枝先に赤いフード状のものが引っ掛かり、ゆらゆらと水面を揺れていたのを、付近を捜索していた足利署の巡査部長が見つけたのだ。子ども用の白色肌着と左足用のサンダル、パンツがスカートにくるまれていた。

県警は足利署に約180人体制の捜査本部を設置し、事件解明に乗り出した。獨協医科大学法医学教室で司法解剖（注1）が行なわれた結果、死因は手指による頸《けい》部圧迫による窒息死、胃の内容物などから死亡推定時刻は12日午後7時から8時前後とされた。

精子

遺体の様子から、肌着に犯人に結びつく試料が残されている可能性が高いとみた捜査本部は、栃木県警科学捜査研究所（以下、科捜研）に検査を依頼した。肌着は木綿製で、化学繊維と違い、精液を繊維の深部まで染みこませて吸収しやすいという性質がある。

たっぷりと川の水を吸い込んだ肌着を受け取った科捜研の福島康敏技官はまず、ヒーターの温度を37度に設定し、2日間ほどかけて乾燥させた。それから、泥で汚れた肌着の背面のかなり広範囲に黄色の斑点があるのを見て取った。精液の可能性はあるが、死亡推定時刻を考えると約15時間、肌着は川の流れの中に浸かっていたことになる。浅瀬とはいえ水深は10センチメートルほどあり、独自に運動性を発揮した精子が肌着から離脱して流

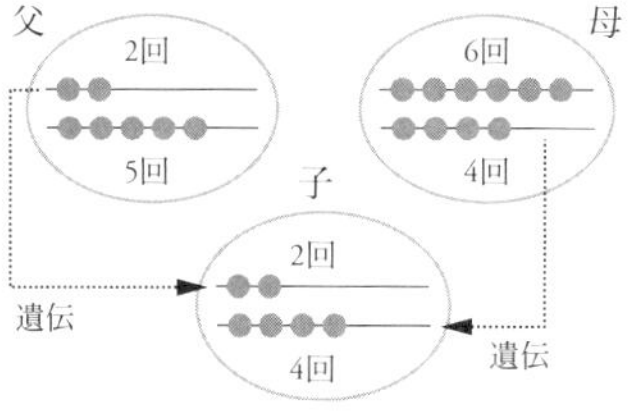

DNAの反復配列の遺伝形式（模式図）

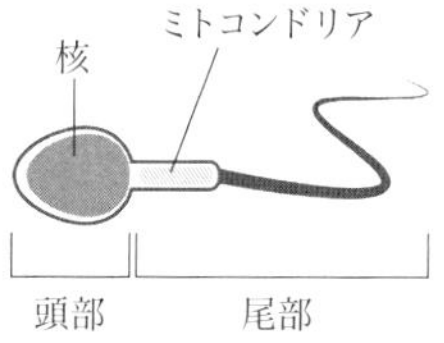

精子の構造（模式図）

されている可能性もある。精子はどのくらい肌着に残存しているのだろうか。

福島技官はそれを確認するため、肌着の表と裏の全面に「SMテスト」と呼ばれる検査を試みた。「酸性フォスファターゼ」という試薬を精液に噴霧すれば、紫色の発色反応（陽性反応）を示す。その結果、表面の背部中央から裾部にかけて7カ所の斑痕部が紫色になった。

斑痕部から顕微鏡で観察できる大きさは、通常はわずか径1センチメートル以内である。福島技官はそのうち2カ所を切り取り、それぞれ別のプレパラートに載せて顕微鏡で観察した。精子の頭部が少なくとも3個確認できた。捜査本部が考えた通り、肌着には犯人由来の可能性がある遺留試料の精子が残っていた。福島技官がその斑痕部をさらに検査したところ、ルイス式血液型は「分泌型」（注2）、ABO式血液型は「B型」であることが判明した。福島技官は科学警察研究所（以下、科警研）に電話をかけ、向山明孝技官に導入したばかりのＤＮＡ鑑定を打診した。

ＤＮＡには、同じ塩基配列が何度も繰り返し現れる箇所がたくさんある。その反復回数を調べることがＤＮＡ鑑定の手法であり、従来の血液型に比べてかなりの確率で個人を識別できる。しかし向山技官は、肌着が15時間近くも川に浸かっていたことを理由として挙げ、鑑定は不可能ではないかと依頼を断った。ただし、この真偽は明らかではない。なぜならこの後に、科警研に試料が移されたからだ。

最後の会話

《昨〔１９９０〕年五月一二日夕方、足利市内のニュー丸の内、ロッキーパチンコ店駐車場付近から松田真実ちゃん四歳が連れ去られ、渡良瀬川河原で殺されていたのが見つかりましたが、私は、この五月一二日夕方殺された真実ちゃんと話を交わしておりますので、その時の状況を話します。ただ、この時の状況については真実ちゃんと最後に会った者ではないかと疑われ、昨〔90〕年七月一八日、一九日、二〇日の三日間事情聴取を受けております。そしてその時刑事さんに当時の状況を詳しく話をしたところ、私が犯人ではないということを判って貰ったのです》（91年12月15日付調書）

自称「パチプロ」の会社員・外岡勝孝さん(仮名)は、週に2回はロッキーに足を運んでいた。真実ちゃんが行方不明になった5月12日は、別のパチンコ店「トムトム」で午後6時頃まで遊んでいた。午後6時半になればロッキーは、大当たりで終了する打ち止め台を開放する。それを知っていた外岡さんはロッキーに向かった。

午後6時半になる少し前、ロッキーに着いた外岡さんは、玄関の外に真実ちゃんが一人で立っているのを見つけた。真実ちゃんはスカートの裾を持ち、蝶の羽のようにひらひらと動かしながらガラスに映った自分の姿を見たり、花壇の花をちぎって遊んでいた。

外岡さんは、この日が真実ちゃんと初対面ではなかった。真実ちゃんと初めて会ったのはひと月ほど前の4月中旬、夜9時頃のことだ。ニュー丸の内の西側にある勝手口付近で、おかっぱ頭をした女の子が雨に濡れているのを見つけた。「風邪を引いちゃうぞ」と声を掛けると、女の子は「黄色いタオル、どこかへいっちゃった……怒られちゃう」と答えた。「ロッキーの南側休憩所のカウンターの上に置いてあったと思うよ」外岡さんがそう話すと、女の子は「ありがとう」と言い立ち去った。その時、同じ店にいた外岡さんの同級生も外に出てきて、女の子と二言ぐらい話をしたという。その女の子が真実ちゃんだった。

「あれ、今日も来てるん？　何時まで居るん？」外岡さんが話しかけると、真実ちゃんは、ずいぶん遅くまでいるというような返事をした。「ここに泊まっていったら？」そう冗談を言いながら、人懐っこくてはきはきした感じの子だなという印象を持った。

話し始めて数分後、ロッキーの女性店員が真実ちゃんに「バイバイ」と声をかけて脇を通り過ぎた。真実ちゃんは外岡さんと少し話をした後、店の前の道路を渡ろうとした。車の往来を確認した外岡さんは、真実ちゃんが道路を渡り始めた後に店に入った。

打ち止め台の開放時間を待つ間、スポーツ新聞でも見ようと外岡さんは店内南側休憩所のカウンター近くにある椅子に座った。ふと外を見ると、道路を渡ったはずの真実ちゃんが店の出入り口付近に戻ってきていた。気になって様子を見ていると、真実ちゃんはまた、店のガラスに向かって首をかしげたり、スカートをひらひらさせたりしていた。

ひと通りスポーツ新聞に目を通した外岡さんが再び出入り口付近を見渡した時、真実ちゃんの姿はすでになかった。その後、ようやく開放台をもらったが、この日は玉があまり出なかった。午後7時半頃、外岡さんはロッキーを後にした。

赤いスカート

午後6時10分頃、石川幸太さん（仮名）はいつものように、田中橋下にある渡良瀬運動公園にゴルフの練習に来た。当時56歳で、足利市内にある会社の役員だった。

20分ほど練習をした石川さんが一息つこうと顔を上げたところ、女の子の手を引いた男の姿が目に入った。運動公園の一画には児童遊戯場があり、砂場とブランコがある。２人は堤防の公園ゲートから２００メートルほど下った場所にあるブランコに向かっていた。男が先に立ち、女の子の手をとって歩いているのがわかった。

女の子は4、5歳で、男性は40代ぐらいか。父親にしては少し年配だ。おじいちゃんが孫を遊びに連れてきたのかな、と石川さんは思った。男の顔は浅黒く、小柄で痩せた体にカーキ色の上衣と、同色のチェック柄のズボンを身につけているのがわかった。

一ノ瀬薫さん（仮名）が男と女の子を見たのは午後6時40〜50分頃、児童遊戯場にある砂場の付近だった。一ノ瀬さんは当時33歳の主婦で、4歳と2歳の子ども2人を連れて遊びにきていた。男は野球場の芝生の上を渡良瀬川に向かってまっすぐに、前を向いて足早に歩いていた。女の子は男をちょろちょろと追いかけるような感じだった。

4歳ぐらいかな、赤いスカートを着せてもらっているのね――その日、娘にピンク色のスカートをはかせていた一ノ瀬さんは、赤い色が印象強く残った。2人は一ノ瀬さんがいる場所から60〜70メートルほど離れていたが、男が堂々とした歩き方をしているのがわかった。一ノ瀬さんが見た男は35〜45歳くらいで、身長は約165センチメートル。黒々とした髪は男性の割に長めで、がっちりとした体格に白っぽい上着を身につけていた。絵心があった一ノ瀬さんは警察の事情聴取を受けた時、男と女の子が歩く様子を描き捜査本部に提出した。そのスケッチは一ノ瀬さんの目撃者調書の末尾に添付された。

尾行

真実ちゃんの事件が発生した当時、栃木県警は二つの未解決殺人事件を抱えていた。79年8月に福島万弥ちゃん、84年11月に長谷部有美ちゃん――いずれも5歳の女の子が被害者だった。2人の遺体発見現場などは真実ちゃん事件と地理的にも近い。栃木県警は次の四つにあてはまる犯人像を追って捜査を展開していた。①B型の血液型、②いわゆる「ロリコン」、③性的異常者、④土地勘がある成人男性だ。

石川さんと一ノ瀬さんの他には有力な目撃情報や証拠を得られず、捜査は難航した。しかし、事件から半年ほど過ぎた頃のことだ。犯人像にうってつけの人物が捜査線上に浮かび上がった。自転車で15分ほどのところに自宅があるにもかかわらず、土曜日と日曜日だけ、真実ちゃんの遺体が見つかった現場付近に家を借りている中年の男――。

借家付近を管轄する駐在所勤務の寺崎耕巡査部長が地区民に聞き込みをするなかで、この男の存在を知った。それが、元幼稚園のバス運転手で事件発生当時は無職、パチンコが好きな菅家さんだった。

90年11月初旬の日曜日の朝、制服姿の寺崎巡査部長は借家の前に立った。そして、自宅に帰るため玄関を出てきた菅家さんを呼び止めた。捜査令状など持っていない。それにもかかわらず、寺崎巡査部長は家に上がり込んだ。そして部屋の中をぐるぐる見渡し、〝変質者〟に繋がるものがないか、30分ほど物色した。押し入れも開けさせ、男性用の自慰具があることを確認した。その他、部屋の壁にはたくさんのアダルト系ビデオが並べられていた。〝変質者の秘密の隠れ家〟という印象を持った。

以後、警察による菅家さんの行動確認、いわゆる「尾行」が始まった。しかし、菅家さんが幼女に声を掛ける素振りはなかった。それどころか、些細《ささい》な違反さえ行なう様子もなかった。警察は菅家さんを重要参考人として調べるだけの決め手を欠いていた。

突破口を見出せないまま尾行を続けていた栃木県警は、実用化されて間もないＤＮＡ

鑑定を捜査に導入することを決めた。そこで、科捜研の福島技官は12月、再び科警研に連絡をした。しかし、「対照試料（容疑者の試料）と一緒に検査する必要がある」と、向山技官は栃木県警の依頼を断った。

ティッシュペーパー

真実ちゃん事件から1年余りが過ぎた1991年6月23日の日曜日、菅家さんはいつものように前日から借家に泊まっていた。翌朝、白色のビニール袋を手にして借家を出た菅家さんは、近くのゴミ集積場にそれを捨てた。

菅家さんが立ち去り、姿が見えなくなったのを見計らって一人の男がその袋を密かに持ち去った。栃木県警機動捜査隊の手塚一郎警部補だった。

「このような行為は、これが初めてではない」――数年後、ある捜査関係者が筆者に漏らした言葉だ。菅家さんが捨てたゴミを持ち帰ったことは他にもあるが、DNA鑑定ができるような試料が得られなかったから伏せられているだけだ、と。DNA鑑定の黎明期であった当時の検出技術では、血液や精液などからしか鑑定できなかったからである。

捜査本部に帰った手塚警部補は、さっそくビニール袋の中身を確認した。コーヒーの空き缶や菓子類の空き袋、たばこの空き箱、自宅から借家までの間にある食料品店のレシートやチラシなどとともに、5枚のティッシュペーパーを見つけた。

「精液臭がし、うち2枚に陰毛付着」——手塚警部補はこの日の捜査報告書に記した。

ティッシュペーパーについている精子が、真実ちゃんの肌着についていた精液斑のDNA型と一致するのか。約2カ月後、科捜研を通じてこのティッシュペーパーが科警研に持ち込まれ、向山明孝、坂井活子《いくこ》両技官が検査を始めた。

ティッシュペーパーは白色パルプ製で、いずれも淡黄色をした体液のような斑痕があったという。SMテスト試薬を噴霧したところ、4枚に紫色の陽性反応が出た。精液である可能性が高いことがわかった。その一部を切り取り顕微鏡で確認したところ、精子と、精子の頭部多数を確認することができたという。

肌着の鑑定

栃木県警が90年5月と12月の二度、肌着の鑑定を科警研に依頼したものの断られていたのは、前述の通りである。91年8月、県警が改めて肌着の鑑定を依頼したところ、科警研はようやく承諾した。理由はおそらく、対照試料である容疑者の試料（ティッシュペー

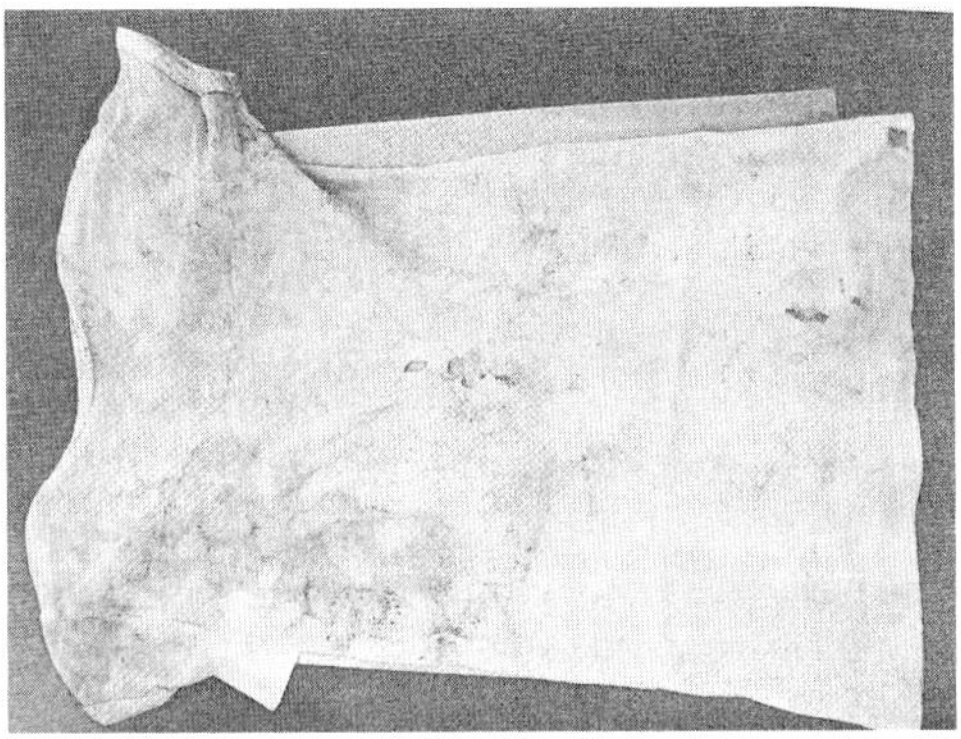

栃木県警が鑑定した後の肌着。中央の４カ所の穴は、鑑定のために切り取った部分。

パー）が入手できたからだ。なぜ容疑者の試料の入手が重要なのか。それは、対照試料があれば、合わせるべき型が特定できるからだ。対照試料と一致するかどうかだけに検査を集中すればよい。その結果、対照試料と肌着の遺留精液とのＤＮＡ型が合えば「一致」であり、合わなければ「不一致」だ。さらに、「鑑定不能」とすることさえ可能だ。つまり、鑑定が成功してもその結果が捜査側に不都合だった場合、〝鑑定できなかった（失敗した）〟ことにして、鑑定結果を公にせずにすむ。さらに、あえて憶測すれば、対照試料を入手していさえすれば、新鮮な対照試料からの結果を証拠試料からの結果にも重ねて表にして、あたかも証拠試料からも同じ型が出たかのように捏造《ねつぞう》することもできる。

栃木県警の科捜研ですでにＳＭテスト試薬が噴

霧されているので、再噴霧によるＤＮＡの破壊を避ける必要があると考えた向山、坂井の両技官は、肌着のＳＭ検査を省いたという。科捜研の検査で精液の陽性反応が出ている斑痕を顕微鏡で観察したところ、ほぼ完全な形態の精子と精子の頭部を少数確認できたから、というのが理由のようだ。

両技官は次に、精液がヒト由来かほかの動物に由来するのかを調べる血清学的検査［血液型検査の別名で、目的とする細胞に特異的な抗体を用いて凝集反応を起こして判定する］を行なった。その結果、陽性反応を確認し、「明らかにヒトの精液が付着している」ことが確認されたという。しかし、この結果を示す生データは鑑定書に示されなかった。

９月には、肌着から抽出されたＤＮＡの型も検査された。すでに肌着を入手してから１年３カ月経っていたが、精子は外気に曝《さら》されても極めて壊れにくい細胞なので、当時の技術でも検出可能なレベルであったといえる。

一連の検査を通して、菅家さんが捨てたゴミ袋に入っていたとされるティッシュペーパーについた精液と、肌着遺留精液のＤＮＡ型が一致すると結論づけられた。より詳しくいえば、第一染色体上にあるＤＮＡの反復配列部位の一つである「ＭＣＴ１１８」が、両者ともに「16－26型」と判定された（以下、ＭＣＴ１１８部位を鑑定する方法を

ＭＣＴ１１８法（注3）と記す）。

ＭＣＴ１１８部位は16塩基からなる配列が何回も繰り返しており、その反復数は二つの数値の組み合わせで表記される。一方の数値は父親、他方の数値は母親由来である。したがって、科警研が一致したと判定した16－26型は、片方の親から受け継いだＤＮＡでは16回、もう一方の親からは26回、この16塩基が繰り返していることを意味する。

もっとも、単なるゴミにすぎないティッシュペーパーに付着した精液が、本当に菅家さん由来のものであるのかどうかさえ、この時点において警察は立証できていなかった。それにもかかわらず、これは菅家さん由来のものであるという暗黙の了解のもと、証拠として扱えるかどうかの議論がなされなかった。強引な手続きによって、捜査段階におけるＤＮＡ鑑定が行なわれたと言わざるをえない。

こうした問題含みの鑑定結果が、91年11月25日付の鑑定書に記された。

（注1）犯罪性のある死体、またはその疑いのある死体の死因を究明するために、法医学者が行なう解剖。捜査機関が裁判所の鑑定処分許可状を得たうえで、法医学者に依頼する。刑事訴訟法１６８条は「鑑定人は、鑑定について必要がある場合には、裁判所の許可を受けて、（中略）身体を検査し、

死体を解剖し、墳墓を発掘し、又は物を破壊することができる」と規定している。

（注2）体液中に血液型物質が多量に出るヒトと出ないヒトがあり、前者を「分泌型」、後者を「非分泌型」という。分泌型は精液や唾液から血液型も判定できるが、非分泌型では判定できない。また、いずれの型かを調べることは、ルイス式の血液型抗体でもできる。

（注3）ＭＣＴ１１８法は、特定のＤＮＡ部位の断片を増幅する技術である「ＰＣＲ(Polymerase Chain Reaction)」という簡便かつ高感度の方法と組み合わせることにより、個人識別に応用できるようになった。

第2章　逮捕

任意同行

科警研は鑑定書を提出する前の11月6日、ティッシュペーパーと肌着の遺留精液が同じDNA型であると栃木県警に回答した。それを受け、県警は全国の都道府県警に先駆けて初めて、DNA鑑定による被疑者逮捕に踏み切った。このニュースは全国を駆け巡った。栃木県警と科警研は歴史に名前を残すだろうと称賛された。しかし、そうした熱狂のなかで栃木県警は功を急ぐのではなく、慎重な裏付け捜査による盤石の詰めを行なう必要があった。鑑定に対する疑問の声は、捜査関係者の中から上がらなかったのだろうか。

捜査本部はさらに1カ月かけて菅家さんの内偵調査をしたが、確たる証拠が他に見つからなかった。おそらくこの時が、捜査自体を検討し直すチャンスだった。しかし、当時ほとんどの人にとって未知のDNA鑑定とその結果という科学的なデータが証拠としてある。この新しい〝武器〟によって捜査の限界を超えることができるのではないか――。捜査本部は新たな証拠の収集を諦め、自供させることを目的に捜査方針の舵を切った。そして、自供すれば逮捕、供述が得られなかったら帰すという捜査員の暗黙の了解のもと、12

月1日に菅家さんを任意同行（注1）のうえで取り調べることに踏み切った。しかし、この判断によって現場の捜査員はDNAの幻影に脅かされ、何としても自白させなければというプレッシャーになったはずである。つまり、本当に犯人かどうかを探るための取調べではなく、脅してでも認めさせなければならないという意味でしかなかった。

「菅家はいるか!?　警察の者だ！」

日曜日の早朝、借家の玄関戸を叩く荒々しい音で目を覚ました菅家さんがパジャマ姿のまま戸を開けると、2人の男が上がり込んできた。栃木県警機動捜査隊の芳村武夫警視と捜査一課の橋本文夫警部だった。

菅家さんを居間の座卓前に正座させた芳村警視は、「お前、子どもを殺しただろう」と凄《すご》んだ。

「いや、自分は何もやっていません」菅家さんが小さな声で答えると、隣にいた橋本警部が、いきなり彼の右胸に肘鉄《ひじてつ》を食らわせた。不意をつかれてひっくり返った菅家さんが身を起こすと、芳村警視が胸ポケットから1枚のカラー写真を取り出して「謝れっ」と目の前に突きつけた。

状況をまったく理解できなかったが、菅家さんは写真の少女をニュースや立て看板で見たことがあった。少女が殺され、すでにこの世にないことも知っていた。だから、混乱しながらも菅家さんは静かに手を合わせた。その後、芳村警視と橋本警部が任意同行を求めた。

「結婚式に出なければならないんだ」菅家さんは渋った。

菅家さんはかつて、ある保育園で園児を送迎するバスの運転手として働いていた。この日の午後は、当時の同僚の結婚披露宴に招かれていたのだ。身内以外の祝いの席に招待されたのは人生で二度目のことで、うきうきと幸せな気分に包まれていた。前日の夜には黒色のスーツを準備し、午後の宴に間に合わせてこの日の早朝には散髪に行く予定だった。

「そんなことはどうでもいい」2人は菅家さんの懇願を吐き捨てるように切り捨てた。それから無理矢理パトカーに押し込み、捜査本部のある足利署に菅家さんを連行した。

この時、菅家さんは45歳。以来17年もの長きにわたり、自由を奪われることになった。

アダルトビデオ

借家では、午前9時から捜査員十数人による家宅捜索（注2）が始まった。薄いトタンの壁で仕切られた二軒長屋で、6畳と3畳の二間あり、風呂はない。菅家さんは29歳の時から住み始めた。兄と姉、弟と妹が1人ずついたが、兄と弟はすでに結婚し別に居を構えていた。姉は菅家さんが28歳の時に急性肺炎で亡くなっていたので、実家には両親と妹、菅家さんの4人が住んでいた。しかし、母親が検察官に説明したように、「自宅には手狭な炊事場の他に3部屋しかなく、大人4人が住むには狭すぎた」。

実家の3畳間にはタンスなどの家具類が置かれ、布団を一組敷けばそれで部屋がいっぱいだった。寝付きの悪い父親がその部屋で寝起きしていた。4畳半の茶の間にはテレビが置かれ、夕方には家族の団らんの場となったが、それが終わると母親の寝室になった。残った6畳間を菅家さんと妹が使っていた。

しかし、兄妹とはいえ年頃の2人が一緒の部屋では、プライバシーすら確保できない。当時の菅家さんは、グラビア写真が数ページほど掲載されている程度の雑誌でも棚の奥に隠し、トイレでこっそり眺めるくらいしかできなかった。午後7時には父親が布団に入る日もあり、テレビやビデオも遅い時間まで観ることができなかった。

1人だけで過ごせる場所がほしい——若い菅家さんがそう願うのは当たり前のことだ。そこで、兄が保証人になって親の名義でひと月1万円という安さの家を借り、一人暮らしを始めた。しかし、風呂がないことや食事のこともあって、母親の勧めで平日は実家に戻

菅家さんが週末に過ごしていた借家の入口付近。

ることにした。そうした生活はその後、10年以上続いていた。

　真実ちゃんの事件が起きた当時、菅家さんはある幼稚園の送迎バスの運転手をしていた。毎朝7時20分頃にオートバイで実家から勤め先の幼稚園に行き、平日は午後5時頃、土曜日は午後1時過ぎに実家に帰っていた。日曜日は仕事が休みだったので、前日の土曜日に自転車で借家に泊まりに行き、日曜日の朝に実家へ戻った。こうした生活が捜査員には〝生活不審者〟として映り、〝ロリコン趣味の変質者〟としてマークされるようになった。

　その結果、菅家さんはこの幼稚園を首になった。不審者の一人にすぎず、菅家さんと事件とを結びつける確証は何もなかったにもかかわらず、捜査員は幼稚園側に彼の実名を出し、情報を得ようとしたのだ。警察が真実ちゃん殺害事件の容疑者として菅家さんをマークしていると考えた園長は、91年の春、菅家さんを職員室に呼び出した。

「悪いけど、辞めてもらえないかな。うちは給料も安いから、他のところを探してくれる?」そう切り出し、菅家さんに現金を差し出した。何の疑いも持たず、菅家さんはその申し出を受け入れた。体よく解雇されたのだ。それを知らない菅家さんは、いつかまたどこか他の園で、子どもたちを送迎するバスの運転手になりたいと願っていた。

借家の家宅捜索は8時間かけて行なわれ、自慰用具とともにビデオ133点が押収された。翌日には実家も捜索され、2日間でビデオ240点とレーザーディスク17点が押収された。菅家さんが十数年かけて集めたもので、そのうちの7割は中古のポルノビデオだった。この他、『若大将』や『座頭市』、『男はつらいよ』など昭和の邦画シリーズや、『インディ・ジョーンズ』などの外国映画もあった。

しかし、警察が押収したビデオ類のなかにロリータ系のものはなかった。『妹はホルスタイン』『巨乳一番しぼり』『胸も尻もでかい女』などのタイトルの、ほとんど〝巨乳モノ〟だった。また当時、足利市内にはレンタルビデオ屋が10店あり、そのうちの2店を菅家さんは利用していたが、どちらの店でもロリータ系のレンタル履歴は確認できなかった。

自白

足利署の刑事課第6調室に入れられ、刑事2人がにらみを利かす任意捜査（注3）後も、菅家さんは否認を続けていた。しかし、深夜にはそれが一転。真実ちゃんの殺害を認める供述（注4）をし、翌日未明、捜査本部は殺人と死体遺棄の疑いで菅家さんを逮捕（注5）した。

《その日は、真実ちゃん親子が夕方から入ったパチンコ店隣の「ニュー丸の内」で午後7時前までパチンコを楽しみました。それから、パチンコ店前の駐輪場に停めていた自転車に乗り、真実ちゃんたちが遊んでいた「ロッキー」の前を通り、両店共用の駐車場内にある両替所に行って換金しました。／借家に帰ろうと、自転車に乗って駐車場の中ほどまで来たときに、前方に一人でしゃがんで遊んでいる真実ちゃんを見かけました。／「自転車に乗るかい？」／そばに近づき、真実ちゃんに声をかけると、彼女は応じて立ち上がりました。自転車の車体を少し左に傾けると、真実ちゃんは自分から後部の荷台にまたがりました。／渡良瀬川の土手に向かう坂道を二人乗りで登りました》

逮捕後の供述調書によれば、菅家さんはこのように犯行時の行動を説明した。土手の上には左に河川敷へと続く下り坂があり、そこを降りきると、渡良瀬運動公園ゲートがある。ゲートを抜け、さらに野球場とサッカー場の間を通り川に向かった、と供述調書は続く。やがて道はＴ字路に突き当たって終わる。

《そこに自転車を停めました。ここから、真実ちゃんの手を引いてアシの茂みの中を、川の流れの方に歩きました》

少し歩くと、コンクリートで固められた護岸に出る。

《そこで真実ちゃんにいたずらしたくなり、声を出されないよう前から首を絞めて殺しました。犯行後は遺体を中洲のアシの茂みの中に隠し、自転車に乗って逃げました。途中、スーパーに寄って買い物をし、借家に戻ったのです》

供述調書に沿って証拠提出された〝自転車に乗せた〟ときを〝再現〟した写真。

しかし、この供述調書は具体性に欠け、飛躍もある。たとえば、犯人なら当然あるはずの何らかの思い（「真実ちゃんを見つけてかわいい子だな、一緒に連れて行きたいなと思った」など）が何も記されていない。あるいは、まず「（家に帰りたいのなら送ってやりたいな……）家はどこなの？」と声を掛けた、などの状況説明があってもいいはずだ。いきなり《自転車に乗るかい？》と言い、真実ちゃんが《応じ》たとは、どういう事実なのか。「応じる」は解釈であって、事実ではない。彼女が何かの言葉を発したり、何らかのしぐさがあって初めて、それを「応じた」と菅家さんが認識するはずである。

そもそも、幼いとはいえ保育園に通う4歳の女の子が、知らない大人の男の自転車に黙って乗るだろうか。供述調書の通りならこの時に少しでも何らかの会話があるはずだし、また、仮に真実ちゃんが自転車に乗ったとしても、おとなしく乗り続けたとは考えにくい。

メディア操作

菅家さんが任意同行される12月1日、全国紙である『読売新聞』『朝日新聞』『毎日新聞』の朝刊は、それを予言するかのような記事に紙面を割いていた。

《幼女殺害容疑者浮かぶ　足利　四五歳の元運転手　DNA鑑定で一致　周辺に類似殺人三件》(『読売』一面)

《重要参考人近く聴取　足利市の保育園女児殺し　毛髪の遺伝子ほぼ一致　市内の四五歳男性》(『朝日』社会面)

《元運転手きょうにも聴取　栃木・足利　松田真実ちゃん殺害事件　現場に残された資料DNA鑑定で一致》(『毎日』社会面)

いずれも〝肌着とティッシュペーパーに付着した精液のDNA型が一致した〟〝容疑者

事情聴取へ〟という内容だった。寝耳に水だったのは地元の『下野《しもつけ》新聞』の記者たちだ。早朝から全国紙を片手に県警幹部宅に押しかけ、全国紙が報じたニュースを追いかけるしかなかった。地方紙は警察庁記者クラブに加盟していない。そのため、警察庁の発表は共同通信社などの配信記事に頼らざるをえない。3紙が書いた情報は通信社から配信されなかった。明らかに、警察庁による3紙へのリークだった。

逮捕後は、新聞やテレビが一斉に報じた。幼い女の子を狙った極悪非道な鬼畜がようやく逮捕されたといわんばかりに、報道合戦はエスカレートしていった。

《足利の幼女殺害　元保育園運転手を逮捕　DNA一致で自供〝ミクロの捜査〟一年半一筋の毛髪決め手　「指紋」なみ捜査革命　DNA鑑定》（『読売』12月2日付）

《否認突き崩した科学の力》（『下野』同日付）

《DNA鑑定が逮捕の切り札に》（『毎日』同日付）

《スゴ腕DNA鑑定　園児殺害　捜査の決め手》（『朝日』12月3日付）

こうした警察発表鵜呑みの報道は、科警研がDNA鑑定を積極的に導入することに貢献した。同年夏に《警察庁が九二年度から四カ年でDNA型鑑定を全国の警察に導入することを決め、九二年度予算の概算要求に鑑定機器費用一億一六〇〇万円を盛り込んだ》（1991年8月29日付『朝日』朝刊）。概算要求に対する大蔵省の原案は当初、要求を退け予算を示さなかったのが、12月26日付の各紙夕刊で、満額回答が認められたと報じられた。

DNA型が一致したことを理由に自供を引き出し菅家さんを逮捕したことは、警察庁にとって大きな意味があった。これによって大きな予算を動かせるからだ。全国の警察に新しい高額の鑑定機器を導入すれば、運用資金としての予算を毎年請求できる。そのためには何らかのアドバルーンを上げるしかない。予算案が流れないうちに、全国に知れ渡っている事件を解決してDNA鑑定の威力を公にしたい、何かいい事件はないか。タイムリミットが迫っている――警察庁幹部はこのように考えていたのではないか。

容疑者を絞り込むにはDNA鑑定が効果を発揮するはずと自信を持っていた科警研は、80年代から独自にその方法を開発していた。ユタ大学（アメリカ合衆国）のホワイト研究室に笠井賢太郎技官を派遣し、MCT118法の共同研究も行なわせた。笠井技官の帰国後、警察庁はその鑑定方法を全国の科捜研に導入し機器を配備する計画を進めた。この時の警察庁刑事局長は、後に同庁長官となり、地下鉄サリン事件（1995年）の捜査

菅家さん（中央）を連れて行なわれた現場検証の様子。

中に何者かに狙撃された国松孝次氏だった。

真実ちゃんの遺体が発見された渡良瀬川の現場一帯や各派出所などには、「真実ちゃん事件捜査にご協力を」と書かれた看板が立てられてあった。菅家さんが逮捕された後それは、足利署長名で「真実ちゃん事件捜査にご協力ありがとうございました。犯人が検挙になりました」というものに張り替えられた。

しかし、逮捕に自信満々に見えた捜査本部にも、一抹の不安があったようだ。ティッシュペーパーに付着していた精液が、本当に菅家さん由来のものか証明できていない。これでは捜査や鑑定の手順を踏んでいないことになる。そこで、捜査本部は逮捕から3日後の12月4日、足利簡易裁判所から鑑定処分許可状（注6）と身体検査令状（注7）を取り、警察の嘱託医が足利署で新たに菅家さんの血液10ミリリットル（ml）を採取した。それから捜査本部長名で再度、血液の血液型とＤＮＡ型が肌着から検出された精液と一致するかどうかの「異同識別」を科警研に依頼した。その結果、血液も精液も「分泌型」の「Ｂ型」だった。事件発生当初、科捜研の福島技官が肌着遺留精液に行なった検査と同じだった。

13日後の12月15日、外岡さんは再び捜査本部に呼ばれ、足利署に出向いた。ＤＮＡ鑑定で菅家さんが犯人であることは間違いないのだろうが、未知の捜査方法である。より分かりやすい裏付けを得て安心したいと考えたのであろうし、証拠は多いほどよい。

参考人室に通された外岡さんは、隣の刑事課第6調室で取調べ中の被疑者（注8）である菅家さんを透視鏡越しに見た。

「あの者は知っておりますか」栃木県警捜査一課平山操警部補が聞いた。

「はい。真実ちゃんを殺した犯人であることは、テレビや新聞に出た写真と同じですので判りましたが、実物は今日初めて見る人で、これまで見たことのない人です」

平山警部補が作成した外岡さんの同日付調書には、最後、このように記されていた。

別件捜査

「最初は暴行を受け怖くて自供させられたが、その後、取調官は優しかった」

取調べの様子を菅家さんはこう振り返る。取調官は、借家で肘鉄を食らわせた橋本警部と写真を顔に突きつけた芳村警視だった。二人の行為は警察に対する恐怖心を菅家さんに植え付け、その後の取調べにおける態度や供述に影響を及ぼした。

いまでこそ「捜査の可視化」が現場の警察官にも認知される言葉になっているが、事件当時、そのような問題意識は警察内部で共有されていなかった。だが、足利事件では、警察、検察による取調べ状況を録音したテープが存在した。再審（注９）の法廷で警察から３本、検察から12本の計15本が開示され、このうち検察と警察の録音テープ合わせて４本が再生された（２０１０年１月21日の第４回公判と翌日の第５回公判）。

まず、松田真実ちゃん殺害などの罪で菅家さんが宇都宮地裁に起訴される前日の91年12月20日午後１時20分から行なわれた取調べの様子の一部を再現する。取調官は芳村警視と橋本警部だった（以下、テープの反訳は弁護団による）。

芳村　言いたくないことは言わなくてもいいんだというような権利（注10）っていうんか、

あるんだけれどもな、つらいことを言うということはどういうことなんだ。たとえば、言いたくないんだけれども、本当のことだから言わなければなんねぇと。真実《しんじつ》は、お詫びしたい気持ちでいるというわけか。

菅家　はい。

芳村　お詫びしたいと……。

橋本　いま調べを受けていて、どんな気持ちなんだい。

菅家　ほんとに、あのー、申し訳ないっていうか（涙声で）、ほんとに、そういう気持ちでいっぱいです。

橋本　何の気持ち。申し訳ないと。気持ちか。だから本当のことを言って、あのー、きちっと、なんだ、真面目な人間になりたいと、いうことなんだな。

菅家　はい（涙声）。

芳村　菅家、まずー、調べをするけどさ、これあのー、本当の気持ちになって、な、嘘隠しても分かることは分かることだから、な、だからあのー、いろいろ、親父さんが亡くなって線香をあげたな。

菅家　はい。

芳村　その線香をあげたときには、どういう気持ちであげたい（＝あげたのかい）。
菅家　やはり、本当に悪いことをしたと、（涙声で）申し訳ないと頭を下げました。
芳村　親父さんに成り代わってさ、そのー、決して嘘などつかないで、事件の全てを話して、という気持ちにはなったの、そん時。そんじゃないとさ、死んだ親父さんに申し訳ないと思うべ、ん。
菅家　はい。
芳村　俺も線香をあげたけどさ、本当に、菅家よ、俺が逆の立場だったら本当にそういう気持ちになるぞ、ん。な、いろいろ質問するけどさ。
菅家　はい。
芳村　それについては、責任を持って話してくれよ。
菅家　はい。

菅家さんが逮捕されてから2週間後、父親は心筋梗塞とされる死因で他界した。81歳だった。誘拐殺人犯の父親として逝かせてしまったことに菅家さんが怯え、詫び、暗い鉄格子の中で膝を抱えていた時期だった。

芳村　な、ところで、あのー、万弥ちゃん事件な、もう一回あれ、しなくちゃなんないけど、万弥ちゃん事件について、えー、質問するからさ。まず、万弥ちゃん事件に対しては、ほんとにどういったことなんだ。

菅家　ほんとに……（涙声で）申し訳ないと。

芳村　申し訳ないということは。

菅家　はい。

芳村　自分でそういうことをして申し訳なかったと。

菅家　はい（小声）。

芳村　私が万弥ちゃんの犯人なんだと。いうことで、詫びたいということなんか、うん。

菅家　（泣いている）

橋本　菅家、泣いてねえでさ。

菅家　はい。そうです（泣き声、小声）。

〝万弥ちゃん〟とは、1979年に起きた誘拐・殺害事件の被害者である女の子の名前だ。

当時、5歳だった

「おーい万弥。お母さんがご飯だってよ」

8月3日の正午前、万弥ちゃんの父親は、自宅の隣にある八幡神社入り口付近で遊んでいた娘に声をかけ、家に入った。その時、万弥ちゃんが白髪で脚の悪そうな50代くらいの男性といたのを父親は記憶している。初めて見る人物だった。その後いくら待っても、万弥ちゃんが昼ご飯を食べに戻ってくることはなかった。

同じ日の午後1時10分頃、万弥ちゃんの自宅からほど近い公民館の職員が、万弥ちゃんが八幡神社境内の地面に絵を描いて遊んでいるのを見かけた。万弥ちゃんは、性別はわからないが同じ歳ぐらいの子どもと一緒だった。

午後2時過ぎ頃、万弥ちゃんが同い年くらいの男の子と一緒に足利市通4丁目の中華料理店「中央軒」の前を通って渡良瀬川方面へ駆けていく姿を、同店従業員の新泉祥さん(仮名、当時24歳)が見かけていた。万弥ちゃんの消息は、その後ぷっつりと途絶えた。

6日後、万弥ちゃんの自宅から2キロメートルほど離れた渡良瀬川の河川敷の茂みからリュックサックが見つかった。黒いビニール袋が詰め込まれ、その中にビニール紐で手足を縛られた万弥ちゃんが折り曲げられた格好で入れられていた。衣服をはぎ取られ、身に着けていたのはパンツ1枚だけだった。発見現場は真実ちゃんの遺体が見つかった場所の対岸で、70メートルほどしか離れていなかった。司法解剖の結果、紐による絞殺だった。
未解決の連続幼女誘拐殺人事件が取調官の頭にあったのだろう。「本件」である足利事件の取調べの最中に、10年以上も前の別の事件を訊問している。

芳村　万弥ちゃんを最初に、その、連れ出したとこは、どこなんだ。
菅家　はじめは、あのー、神社ですか。
芳村　神社ってのはどこにある神社だ。何町にあるんだい。
菅家　あそこはー……4丁目ですか。
橋本　4丁目。
菅家　はい。

連れ出した場所を聞かれると、菅家さんは「神社ですか」と逆に聞き返す。取調官は否定せず、どこの神社かと尋ねるので、犯人が神社から万弥ちゃんを連れ出したのだなと菅家さんは認識する。何町にあるのかという質問には、「4丁目ですか」と再び聞き返す。

これも否定されないので、取調官が〝必要〟な供述をしていることを菅家さんは再確認する。録音テープには、取調官が求めていそうな言葉を菅家さんが考え、選んでいる様子が随所に記録されていた。つまり、菅家さんが自ら積極的に供述しているのではない。取調官の言葉を頼りに、「○○ですか」と逆に質問して、調書の作成に必要な文言《もんごん》を一つひとつ確認している。取調官の意に沿うように供述を作り、話している。取調官はその不自然さに気づかないのか、気づいていても作為的に無視しているのか。

芳村　季節はいつ頃なんだい。
菅家　……（沈黙約5秒）。
芳村　季節っつーのは、分かっか。
菅家　分かります。
橋本　春、夏、秋、冬でよ。
菅家　はい。
橋本　いつ頃だっつんだよ。春とか夏とか秋とか冬っつうとか。
菅家　（沈黙約7秒）

橋本　寒い頃だとか暑い頃だとか、あるいは何も出てこねんか、涼しいとか。

菅家　はー（息を吐く音・沈黙約5秒）。

菅家　……冬の、冬の終わりか……あの、春……春頃と思うんですけど。

橋本　冬の終わりか、春頃。

万弥ちゃんが失踪・遺体で発見されたのは8月の真夏だ。菅家さんの言う「冬の終わりか、春頃」ではない。だが、この矛盾を突くことなく、取調べは続く。

橋本　で、時間は何時頃だい、万弥ちゃんを連れ出したのはよ。

菅家　……（沈黙約5秒）。

芳村　何やってた時なんだい、そん時は。仕事の、やって、休みか何かだったの。

菅家　その頃は……あのー、保育園のバスを……あの、操縦してまして。

芳村　うん。

菅家　それが、あの、んー（沈黙約5秒）。

橋本　◯◯〔勤務先の保育園の名称〕のバスを運転していたっつうんだろ。

菅家　はい。
橋本　それで、その日も運転に行ったんか。
菅家　行きました。
橋本　〇〇へ。
菅家　はい。

万弥ちゃん事件が発生した79年当時、菅家さんは勤務先の保育園が昼休みになる正午から1時間、昼食をとるために実家へ帰るのが常だった。保育園と実家は比較的近い距離にあり、菅家さんは食事を済ませると午後1時には保育園に戻っていた。そして、3時まで清掃などの雑務をこなし、3時半から4時半までバスで園児たちを送るのが日課だった。

橋本　んじゃー……まー……いずれにしても……その、時間はいいよ。そうすっと、このー、神社んところから連れ出したんだべ。神社んとこ、遊んでたんか。
菅家　はい（小声）。
（中略）

橋本　神社の裏には木が生えてんか。そんで、木が生えているところで何かしたの。
菅家　そこで、なんていうんですか、いたずら……。
橋本　いたずらしたの。
菅家　っていいますか。
（中略）
菅家　抱くような。
橋本　抱くような格好したっつんかい。いたずらっつうのは。
菅家　はい。
（中略）
橋本　うん。で、それからどうしたの。
菅家　それで……声をちょっと、あのー、あのー、上げるっていいますか。
橋本　うん。声を出したんか。真実ちゃん、んー万弥ちゃんが。
菅家　はい。
（中略）
橋本　うん。

菅家　あの、危ない……危ないと思いまして。

（中略）

橋本　誰かに見つかるっつうのか。声出したっつうことか。

菅家　はい。

（中略）

橋本　うん、それで。

菅家　自分で……あの……あの、首ですか……。

橋本　うん。

（中略）

橋本　首をどした。

菅家　し、しめ、絞めたっていうんですか。

芳村　どんなふうに絞める。絞めるっていうのは。

菅家　やはり、あの、こういうふうな……感じですか。

橋本　それは、こないだの、話聞いたんべな。あの、真実ちゃんで。

菅家　はい。

橋本　あれと同《おんな》じようなことやったの。
菅家　はい。そうです。
橋本　あれと同じようなやり方か。
菅家　はい。

取調べが始まってからわずか35分。その間に、ここまで供述させられていた。そして菅家さんが自供した「春頃」を記載しないまま警察は自白調書を作り、裁判所は逮捕状を発行した。同月24日、菅家さんは万弥ちゃん事件で再逮捕（注11）された。

改竄

「犯人が捕まった。万弥ちゃん事件当時のあんたの供述と、犯人の供述が食い違っている。あんたが万弥ちゃんを見たという時《とき》はもう死んでいたんだよな。このままでは、あんたの証言は邪魔なんだ。万弥ちゃん事件について起訴ができねぇんだ。調書を確認してくれ」

91年も終わろうとする頃だ。４、５人の刑事たちが突然、新泉さん（当時36歳）の勤務先の病院食堂にパトカーで乗り付けてきて、こう言った。新泉さんは12年前の８月３日午後2時頃、当日勤めていた中華料理店の前で万弥ちゃんを目撃した最後の人物だった。

その日の午後1時半頃、新泉さんは晒し業者「一光」から注文を受けた。午後2時頃には出前の配達を終えて帰ってきた新泉さんが店前の道路を挟んで反対側にバイクを止めた時、店の前の道路を駆けていく万弥ちゃんと男の子の姿が目に入った。万弥ちゃんの家は店からバイクで1、2分の距離にある。1週間に1、2回くらいの割合で出前の注文を受け届けていたので、新泉さんは万弥ちゃんと言葉を交わすようになっていた。時には抱っこをおねだりするなど、万弥ちゃんも新泉さんに懐いていた。

翌日、新泉さんが出勤すると、店は万弥ちゃんが行方不明という話で持ちきりだった。

「俺、昨日見たよ」驚いた新泉さんが状況を説明すると、店の経営者の妻が急いで警察に110番通報をした。大勢の警察官がすぐに店にやって来て、その後も入れ替わり立ち替わり、目撃時の状況を事細かく新泉さんに質問した。

「午後2時頃です。万弥ちゃんと一緒にいた男の子に面識はないけれど、上半身裸で日焼けしていた。万弥ちゃんは独り言のような感じで何か話してたけれど、あまり気にもとめませんでした」新泉さんは見たままを答えた。

店の厨房には大きな黒板が掲げてあり、注文を受けると順番に、出前の内容と配達時間、届け先を書き足していく。前日の出前の履歴を見ると、新泉さんの言う通りちょうど午後2時頃に配達から戻ってきたことが分かった。

「こりゃ、間違いないな」捜査員も黒板の記録を見て目配せを交わし、念のために店から借りた出前帳で配達先に確認もした。万弥ちゃんの司法解剖の結果からも、死亡推定時刻と新泉さんが目撃した「午後2時頃」は整合しており、有力な目撃情報となったのだ。

さらに、警察官は10人くらいの男の子を1人ずつ、新泉さんのもとに連れてきた。そして、万弥ちゃんと一緒にいた子どもかどうか確認を求めた。しかし、どの子も新泉さんが見た顔ではなかった。

「万弥ちゃんなんて見てねぇんだろ」12年後、病院を訪れた刑事のなかには、こう言って新泉さんに悪態をつく者もいた。「とにかく、署まで来てくれ」。

刑事の高圧的な態度に、新泉さんは嫌気がさした。はっきり言って迷惑だったし、行きたくもない。しかし事件を解決できるならと気持ちを切り替え、後日、足利署に赴いた。

取調室に通され、新泉さんは2人の刑事から事情聴取を受けた。しかし最初は、彼らの意図を理解できなかった。

「事件当日にあんたが万弥ちゃんを見た時間と、菅家の言う犯行時間が違うんだよ」

そのうち新泉さんにも、警察が調書を取り直したいのだということが呑み込めてきた。自分の見た時間が正しい。ということは、菅家という人が嘘をついている。しかし自分の調書の取り直しは、すなわち、警察による犯人のでっち上げだ――。

恐ろしい事実を直感した新泉さんは、冤罪作りに加担したくない、抗いたいと思った。しかし、ただならぬ威圧感のある刑事が机を挟んで目の前に座っている。

新泉さんが黙り込んでいたためか、刑事の1人が勝手に作文を始めた。新泉さんの面前で、「まるっきり見ていませんでした。私の勘違いでした」「万弥ちゃんを見たのは失踪の1週間ほど前でした」などと話し、もう1人の書き取り役がそれを調書にしていった。自分の記憶ではないことが、他人の口からさも自分の記憶のように出てくるのを、新泉さんは椅子に座ってただ聞いていることしかできなかった。

「作文」を読み上げた刑事が、内容に間違いがないか確認を求めた。

調書作成を断ったら、刑事たちに何をされるか分からない。事件に巻き込まれるのも嫌だし、これ以上関わりたくない……もうええや！

そう思った新泉さんは、刑事に求められるまま取り直した調書に署名し、拇印を押した。

指についた赤い色が、傷のように映った。目にした調書の上半分は空白で、行間も不自然なほど広く空いている。ここにまた、俺の言っていないようなことを書き足されるんかな。嫌な思いを抱えたまま、新泉さんは警察署を後にした。

それから1週間ほどして、新泉さんはさらに、検察庁に出頭するよう要請された。検察では警察で取り直した調書の内容について尋ねられたが、警察で〝訂正〟された目撃情報は、自分の記憶ではない。新泉さんは検察の取調べでも黙っていた。すると検事が口を開いた。そして、新泉さんが供述しているように話し始め、事務官がそれを書き取り、そのまま新泉さんの供述調書として作り上げられた。警察も検察も同類だった。

（注1）すでに容疑のあるケースと、職務質問からのケースの2種類がある。前者については、刑訴法198条1項で「検察官、検察事務官又は司法警察職員は、犯罪の捜査をするについて必要があるときは、被疑者の出頭を求め、これを取り調べることができる。但し、被疑者は、逮捕又は勾留されている場合を除いては、出頭を拒み、又は出頭後、何時でも退去することができる」と規定している。また同条2項で、「前項の取調に際しては、被疑者に対し、あらかじめ、自己の意思に反して供述をする必要がない旨を告げなければならない」、同5項は「被疑者が、調書に誤のないことを申し立てたときは、これに署名押印することを求めることができる。但し、

これを拒絶した場合は、この限りでない」と被疑者の権利行使を保障している。

（注2）刑訴法218条1項で裁判官の発する令状により、差押えや捜索等をすることができると定めているが、それには住居主等の立会いが必要である（同114条2項）。

（注3）例えば、被疑者や参考人の取調べ・任意出頭・任意同行、尾行や張り込み、おとり捜査、領置、実況見分などがある。逮捕、勾留、身体捜索、身体検査、鑑定留置、捜索・押収、検証、鑑定など個人の意思に反して権利を侵害するおそれのある場合は「強制捜査」という。

（注4）犯罪捜査において、被疑者・被告人・参考人・証人が警察官などの尋問に対して「事実」を述べることを「供述」といい、供述調書とはそれを聞き取って作成したもの。被疑者の署名・押印があるときは、一定の条件のもとで公判廷において証拠となる（刑訴法322条1項）。供述調書には、警察官（司法警察員）による「司法警察員面前調書（員面）」と、検察官による「検察官面前調書（検面）」の2種類ある。

（注5）被疑者の逃亡や罪証隠滅を防ぐため、捜査機関または私人が強制的に身体を拘束する行為。通常逮捕、緊急逮捕、現行犯逮捕の3種類があり、通常逮捕の場合は裁判官から発布された逮捕状が必要（憲法33条、刑訴法199条1項）。逮捕による身体拘束の時間は警察48時間・検察24時間（最長72時間）が原則である。なお、勾留（逮捕された被疑者・被告人を刑事施設に拘束すること）がつくと、延長期間も含めて最長20日、逮捕と合わせると23日になる。

（注6）捜査機関が請求し裁判官が発行する、鑑定の目的で死体解剖を行なうことを許可する令状。

（注7）裁判官が捜査機関の請求により発する。この令状がなければ、捜査機関は被疑者の身体検査を

行なってはならない。ただし、身体拘束を受けている場合はこの限りではない（刑訴法218条）。

（注8）犯罪を犯した可能性があるとして、捜査機関が捜査対象としている人のこと。検察官が裁判所に起訴状を提出して裁判を請求する前の段階。起訴後は「被告人」という。メディアでは「容疑者」と呼ばれることもある。

（注9）刑事事件の場合、有罪判決を受けた者の利益になる場合（証拠が虚偽・偽造・変造されたことが明らかになった場合や、新たに有利な証拠が発見されたときなど）のみ行なうことができる（刑訴法435条）。再審を開始した場合は刑の執行を停止できる（同448条2項）。なお、日本の裁判所で再審請求が認められるのは年に2、3件で、「開かずの扉」と批判されている。

（注10）黙秘権のこと。取調べの質問等に答えず、陳述を拒むことができる権利。憲法38条は「何人も、自己に不利益な供述を強要されない」と保障し、刑訴法198条2項は「自己の意思に反して供述をする必要がない旨を告げなければならない」と捜査機関の義務を明記している。

（注11）すでに逮捕されている人を釈放直後、または引き続き勾留した状態で、別の事件（同一容疑であるが被害者が異なる場合も含む）で再び逮捕すること。同じ事件での再逮捕・再勾留は原則禁止とされている。捜査機関が余罪を疑っている場合や、黙秘を続けている場合になされることが多い。

第3章　裁判

検事調べ

女の子がしゃがんでいる。自転車で傍に行き、止まる。女の子に声をかける。自転車に乗せる。犯行現場に連れて行く。立ったまま首を絞め、殺す……。

何かおかしい。犯行時期も、幼いとはいえ被害者の女の子たちもそれぞれ違うのに、どうして状況が全て同じなのか。自供した犯行の一部始終がパターン化していることに、宇都宮地検の森川大司《だいじ》主任検事は違和感を抱いていた。嘘をついているのではないか――そう疑い、もう一度取り調べる必要があると考えたのだろう。初公判の9日前、92年2月4日に菅家さんの取調べを行なった。録音テープをもとにその様子を再現する。

森川　あのね、じゃあ、僕の方から言おっか？　君、どの事件もそうだけどね。
菅家　はい。
森川　女の子見つけた時に、いつも女の子しゃがんでいるんだよな。
菅家　はい。

（中略）

森川　それから、自転車に乗せて行ってね。走っている時にどんな話があったか、どんな会話があったのか、ねー。あんまり具体的なことはちょっと出てこない。ね。忘れていればそれは仕方がないんだけれど。それから、まあ、真実ちゃんの場合には、いきなりこう首を絞めたというのかもしれないけれど、万弥ちゃんと有美ちゃんの場合にはね。最初こうやって抱きしめた、と、そういう状況も同じなんだよね。そして、それで首を絞めるわけだよね。首絞める絞め方は同じなんだよね。これは有美ちゃんの場合も同じなんだよね。しかも立ったまま。まったく同じやり方。ね。で、その後、ね。まあすぐやるかどうかはともかくとして、いたずらして。ね。みんな。

菅家　（沈黙9秒）

森川　これね。被害者ってのはみんな、それぞれ違うわけだ。時期も違う。場所も違う。年齢的には似通っているんだけれども。ね。女の子であるけど、みんなそれぞれ違ってる。だけどこんなにね。やり方が似通っているってのはあるのかい？　どうなんだい？　まあ、「あるのかい？」って聞かれるのはね。事実がそうであれば、あったんだからしょうがないってことになるかもしれないけど。ね。聞いてる者にとってはね、話がちょっとおかしいんじゃないのかと、言いたくもなるんだ。ね。説明してこなくてね。こう最初言った事件に合わせて適当に説明しているってものがないかい？

菅家　（沈黙13秒）

森川　万弥ちゃんの事件にしろ、有美ちゃんの事件にしろね。君の説明するね、説明する事件内容がこう、一つのパターンにはまってる感じなんだよね。

菅家　（沈黙7秒）

菅家さんは福島万弥ちゃん、長谷部有美ちゃんの未解決2事件も自供し、前者で再逮捕（91年12月24日）、後者で追送検（注1）（92年2月10日）されていた。

日本の刑事裁判では、検察がいったん起訴すれば99％以上の確率で有罪となるのが〝伝統〟だ。足利事件には〝DNA鑑定が一致〟という証拠の担保があるが、他の2事件は自供しかない。はたして供述だけで有罪に持ち込めるのか。疑念と不安を払拭するかのように、森川検事は菅家さんをしつこく追及した。

初公判

宇都宮地裁で開かれた真実ちゃん殺害事件の初公判は、92年2月13日朝から始まった。深緑色のセーターに黒色のズボンを穿き、肩をすぼめるように法廷に入った菅家さんの身体は小さく見えた。被告人席からちらっと傍聴席を見て、怖い刑事たちが来ているかどうか確認した。都合の悪いことを言えば怒られる――びくびくしながら菅家さんは席に着いた。弁護人に軽く会釈をするも、森川検事の姿を見て緊張が高まった。

上田誠治裁判長に罪状認否を問われた菅家さんは、「本当に申し訳ありませんでした」と声を震わせながら頭を下げ、起訴事実を認めた。冒頭陳述で検察は、「菅家被告は1974年に結婚したが、夫婦生活がうまくいかなくなったために3カ月で別れた。このため、女性に対して強いコンプレックスを抱くようになった」などと説明した。

現場に残された証拠品を検事が法廷に提出した。それを確認するために、菅家さんは証言台に向かわなければならなかった。足取りは弱々しく、端から見るとふらついているようだった。一方で、菅家さんには期待もあった。裁判官は現場に行って事件を詳しく調べ、本当のことを見極めて判決を出してくれるはずだ、と。

一審公判が始まってから1週間後の１９９２年2月20日、栃木県警は足利署に掲げていた未解決3事件の看板を下ろした。

「3事件の全容は解明できた。任意の血液検査に協力してくれた４２００人余の男性をはじめ、足利市民、県民に感謝したい。苦節13年、執念の捜査が実って感慨無量です」

記者会見で捜査幹部は終結宣言をした。検察とは異なり、当時の県警幹部らが足利事件だけでなく、他の2事件についても菅家さんが間違いなく犯人だと絶対の自信を持っていたのが、会見の言葉に滲《にじ》み出ていた。なお、宇都宮地検が2事件について不起訴処分を発表したのは、県警の終結宣言から約1年後の93年2月26日のことである。

鑑定の欠陥を発見

足利事件の公判が続いていた時期、信州大学では本田克也が、そのことは全く知らずに法医学講座主任の福島弘文教授の指示のもと、個人識別に応用できる4種のＤＮＡ部位の研究に取り組んでいた。それら部位は国際的に開発されており、足利事件で未解決の犯罪捜査に初めて使用されたＭＣＴ１１８法も研究対象に含まれていた。当時46歳の福島教授はＤＮＡ鑑定の研究にいち早く興味を持ち、日本で最先端を走ろうとしていた。

もともと心理学者を志していた本田は、福岡県の高校を卒業した後、茨城県に開学したばかりの筑波大学人間学群に入学した。卒業後は大学院には進まず、〝人間〟をより深く究めるために医学部への受験を決意し、独学で同大学医学専門学群に入学を果たした。卒業後は臨床医ではなく学者を目指し、同大学大学院博士課程（医学研究科）で法医学を専攻した。そして、恩師である三澤章吾教授の「研究環境が整っているところがよい」との薦めもあり、博士課程修了後は信州大学の福島教授のもとに助手として赴任した。

本田は１９８７年から筑波大学大学院で、歯や骨からＤＮＡ鑑定を行なう研究を進めていた。これが福島教授の目にとまり、三澤教授も本田のステップアップのためと思い、半ば強引に、筑波大学にポストがないことから泣く泣くこの人事を進めたのだった。91年10月のことだった。信州大学への異動は本田にとっては不本意であったが、結果としてそこで大きな発見をすることになった。

信州大学で、本田は4種類のＤＮＡ部位に関する実験を何度も繰り返した。福島教授の研究室と実験室は10メートルほどしか離れておらず、教授は時間がある時にはよく、本田の実験の進展をチェックしに来た。

赴任したばかりの本田が、まだＭＣＴ１１８法の問題に気がついていない頃のことだ。

ポリアクリルアミドゲル［ポリアクリルアミドは有機化合物アミドの一種で、毒物及び劇物取締法上の劇物に指定されている］という半固形の媒体を作成して行なう電気泳動［DNAがマイナス電荷を帯びている性質を利用し、電圧をかけてDNAを筋状に動かす］の写真を見せに行くと、福島教授は「泳動が曲がっている」「PCR試料の入れすぎで、バンド［DNA断片を電気泳動で流したもの］がスマイリング［角が立つこと］を起こしている」「PCRにサブバンド［過剰な反応が起きたもの］が多い」などと指摘し、少しでも狂いがあれば実験のやり直しを命じた。福島教授は検査データの〝美しさ〟には寸分の狂いも許さない、厳格さを求める研究者だった。このようなデータに厳しい教授の下《もと》にいたからこそ、本田も実験に正確さを求めようとした。その結果、思いもよらぬ事実に気づかされることになろうとは、当時は予想だにできなかった。

　本田がより正確に判定するため、DNAの長さを決める物差しである「サイズマーカー」を2種類同時に使った時のことだ。「123塩基ラダーマーカー」（以下、123ラダー）と「100塩基ラダーマーカー」（同100ラダー）だ。「ラダー」とは「梯子《はしご》」という意味で、前者は「123、246、369……」と123の倍数で、後者は「100、200、300……」と目盛りがつけられている。後者の方が目盛りが細かく読み取りやすい。そして本来はサイズの大きさに従って一定の速度で泳動するので、どのマーカーを使っても正確に読み取れる。つまり、目盛りが1センチメートルであろうが1・2センチメートルであろうが、物差しが正確ならば長さ自体は同じのはずだ。

１２３ラダーの目盛りの間を１００ラダーが補ってくれるだろうと考えた本田は、２つのマーカーを併用してサイズを正確に測ろうとした。ところが、それぞれのバンドのサイズが一致しない。何度も実験を繰り返したが、同じサイズであるという結果を得られなかった。どちらかのマーカーが間違っているか、あるいはどちらも間違っているとしか考えられなかった。この2つの実験方法を対立させる発想が、本田に新発見をもたらした。

どうやっても１００ラダーは１２３ラダーの隙間を補完できない。疑問に思った本田は、ゲルの固まり方が不均一なためにこの状態が起きているのではないかと考えた。そこで、マーカーとセットになっているゲルの濃度や温度を変え、何度か実験を繰り返したが、結果は同じだった。次に両マーカーを同時に流してみたところ、流れ方が異なった。１２３ラダーは、やや遅れて開発された１００ラダーより流れが遅いことに気がついた。

１２３ラダーの方が１００ラダーよりＤＮＡ断片の流れる速度が遅いのは、条件にかかわらず常に生じることなのか。とすれば、どちらのマーカーが正しいのか。それを確かめるため､別の種類のサイズマーカーをいくつか流す実験をした。その結果､全てのマーカーでバンドが現れる位置がずれるという事実に直面した。これは、マーカーの欠陥ではないと本田は考えた。電気泳動の問題、厳密にいえばゲルの問題ではないか。

それを確かめるにはゲルを変えてみればいい。本田はアガロースゲル「アガロースは寒天の主要な成分でタンパク質に結合しやすく、電気泳動などの分離作業に適している」という別の種類のゲルを使って電気泳動を試みた。すると、１２３ラダーと１００ラダーのずれはほとんど起きなかった。念のためアガロースの濃度を変えたゲルを使ってもう一度電気泳動を試みたが、やはりずれはほとんど生じなかった。

ポリアクリルアミドゲルでは、泳動速度はＤＮＡのサイズだけでなく、塩基の組成によっても影響を受けるという結論を本田は引き出した。塩基組成の違いはＤＮＡの立体構造の違いをもたらし、同ゲルの分子の間隙を通過する時の摩擦に違いが生まれるのではないか、というのが本田の仮説だった。

つまり、ポリアクリルアミドゲルではサイズマーカーを使った型判定はできない、ということだ。国際的にも、ＭＣＴ１１８部位は同ゲルを用いた１２３ラダーでバンドサイズが測られてきた。このゲルしかなかったわけでも、他のマーカーがなかったわけでもない。しかし、両者が組み合わされたのには理由がある。

ＭＣＴ１１８部位はＰＣＲサイズが非常に大きく、５００塩基から１０００塩基にまで及ぶ。このような大きなサイズにも対応できるサイズマーカーは、当時は１２３ラダーしかなかった。一方で、MCT118部位の繰り返し単位の大きさは16塩基であり、500から1000塩基というサイズにおいて、16塩基の差異はあまり大きいものではない。このような比較的バンド差異が小さなサイズのものを識別するためには、ゲルの目を細かく設定できるポリアクリルアミドゲルしかなかったのだ。

しかし、このゲルは小さなバンドサイズのものを流すのが通例で、8％以上の高濃度のものが使われるのが普通だった。大きなサイズの泳動には通常、アガロースゲルが用いられていた。そこで、全体のサイズが大きいMCT118部位を鑑定するには、ゲル濃度を5％前後と薄いレベルに設定せざるをえなかった。つまり、この部位の鑑定には〝大きなバンドの小さな差異〟を検出するために、薄い濃度のポリアクリルアミドゲルに泳動させて大きなサイズにも対応できる123ラダーを用いるという、極めて特殊な方法が採られていたのである。

この組み合わせに〝落とし穴〟があった。要するに、MCT118部位はその後の電気泳動による型判定の検出方法が未開拓だったために、PCR増幅の段階から当時の技術レベルでは大きな欠陥を抱えていたのだ。

ならば、アガロースゲルではどうなのか。このゲルは大きなバンドを分離するには適しているが、ポリアクリルアミドゲルほどの分解能力がない。したがって、大きなサイズのバンドからわずか16塩基の差異を検出することは難しい。さらにバンド自体の検出感度も低く、ゲルとバンドの摩擦が大きいので、流す距離が長いほどバンドが薄くなってしまう。

もしかすると、これまで集められてきたポリアクリルアミドゲル電気泳動による型判定のデータは全て誤っているのではないか、と本田は考えた。ということは、遺伝子型の出現頻度［特定の母集団内において、ある遺伝子型が全人口の何パーセント存在するか］の算出の基になるデータベースが狂っていることになり、その結果、鑑定そのものも誤ってくるという二重の問題が発生する。MCT118法は通常の実験方法で、世界中で行なわれてきた。世界中のデータベースが全て狂っている可能性がある。

ポリアクリルアミドゲルを使った型判定は本当に不可能なのか。それを確かめるために、MCT118部位で型が判明している試料を流してみたところ、長さに応じてきちんと流れることがわかった。つまり、同じ塩基組成を持つものについては、長さに従った流れ方をするのである。ここから言えることはただ一つ、ポリアクリルアミドゲルは同じ塩基組成を持つDNA部位については相対的な比較はできるが、異なった塩基組成を持つDNA部位についての絶対的な比較はできない、ということだった。

したがって、ＭＣＴ１１８部位のバンドサイズを測るには、ＭＣＴ１１８部位と同じ塩基組成を持つバンドとの比較が絶対条件となる。このために開発されたのが、その塩基組成に合致した梯子状の物差しである「アレリックラダーマーカー」（以下、アレリックラダー）であったが、それが実用化されたのは足利事件の数年後であった。

本田はついに、鑑定がうまくいかない原因がゲルにあることを突き止めた。これはＤＮＡ鑑定において重大な欠陥である。早急に公表しなければ大変なことになると考え、実験データを添えて福島教授に恐る恐る報告した。

しかし、福島教授は「そんな馬鹿なことがあるはずがない。実験の失敗だ！」と一蹴するだけだった。福島教授が考えたことは当初、本田が考えたことと同じだった。

「ゲルの濃度が不適切、あるいは固める段階での固まり方が不均一でゲルに濃度斑《むら》があるせいか、または、電気泳動の電圧のかけ方がよくなく、電流の流れ方が歪んでいるのではないか。あるいは、電気泳動の機器に問題があるのかもしれない」

これらについて本田はすでに確認してはいたものの、福島教授はその点に注意して実験を繰り返してみるよう指示を出した。当然のことである。当時、世界の法医学分野では誰も問題視していなかったからだ。

もっとも、ＭＣＴ１１８部位は個人識別にしか用いることができなかったので、この鑑定方法に関心を持っていたのは法医学界だけである。他の分子生物学の実験室でもＰＣＲバンドの確認にポリアクリルアミドゲルを当然に用いていたが、それは目標とするバンドがあるかどうかの言わば定性試験としてであった。サイズの確認には、古典的な小さなサイズマーカーを使えばよかった。しかし、法医学においてこの部位は「サイズの正確な決定」という定量試験として用いられていたからこそ、問題が深刻であった。

本田はもう一度、福島の指示通りにあらゆる条件を変え、また異なった機器も用いて実験を続けたが、結果はやはり同じだった。それを逐一、福島教授に報告した。

福島教授はいつも首を傾《かし》げ、容易に納得しなかった。さらには本田の技術にも疑問を持ち他の助手に試させたが、どれも本田と同じ結果になった。福島教授はようやく問題を確信し、顔色を変えて実験室に赴き、本田に告げた。

「今度の研究会で早急に発表しないと大変なことになる。この方法はすでに実用化されているのだから」

足利事件のＤＮＡ鑑定でＭＣＴ１１８法が採用されていたことについて、福島教授はこの時すでに知っていたのかもしれない。しかし、運命の糸は絡みに絡んだ。この後、福島教授は信州大学を早期退職し、２００８年4月から15年3月に退職するまでの7年間、科警研の所長を務めることになるのである。

科警研に警告

福島教授が本田に発表を指示した研究会とは、後の１９９５年に発足した「日本ＤＮＡ多型学会」（注２）の前身である「日本ＤＮＡ多型研究会」のことだ。92年12月に東京大学で初の学術集会が開催されることになっていた。本田がＭＣＴ１１８法の欠陥を発見したのはその年の7月。研究会発表の抄録は締切り直前だった。

「サイズマーカーによる誤差については、きちんとしたスライドを作るように」福島教授は本田に言い、さらに、自分にもそのスライド用の写真を1枚焼くよう指示した。本田が準備した写真は、発表の核心であるマーカーのずれが一目でわかるようになっていた。

当時、国内で科警研だけがＤＮＡ鑑定を研究・実用化していたわけではなかった。東京大学や筑波大学、信州大学、新潟大学などがしのぎを削っていた。

１９８５年8月、羽田発伊丹行きの日航ジャンボ機が群馬県御巣鷹山《おすたかやま》の尾根に激突、墜落する事故が起きた。全国から事故現場に駆けつけた医師のなかに、後に弁護団に請われ菅家さんの毛髪をＤＮＡ鑑定した押田茂實《おしたしげみ》教授がいた。当時、日本大学医学部教授だった。肉片がバラバラになった遺体を目の当たりにし、身元確認のためのＤＮＡ鑑定の必要性を強く感じた押田教授は、90年から同大学でＭＣＴ１１８法の研究を本格的に始めた。

がん遺伝子やその他の疾患遺伝子の研究など目的はさまざまであったが、多くの大学医学部の基礎分野でＤＮＡ解析の研究が行なわれていた。とはいえ、国内においてＤＮＡ解析はまだ研究途上にあり、法医学の分野においても実際に研究に取り組む研究者は極めて少数だった。

間違いのないＤＮＡ鑑定の方法が確立すれば、その活用法は無限に広がる可能性を秘めていた。しかし、科警研が主軸を置いているＭＣＴ１１８法に欠陥があることが明らかになった今、その鑑定結果が犯人逮捕の決め手に使われては、冤罪を生む可能性が極めて高い。一刻も早く他の研究者たちに知らせた方がよい、と福島教授は考えたのだろう。

92年12月、最初の研究会が開催された。ＤＮＡ研究を志す若い研究者も数多く参加した。科警研の笠井技官らも出席していた。研究会の冒頭にあるシンポジウムでは、福島教授の講演が予定されていた。

ところが、予想もしなかったことが起きた。研究会の一般演題で発表するために本田が作成したスライドの核心部分を、福島教授が先に公開してしまったのだ。

「現在行なわれている科警研の電気泳動によるMCT118法の型判定には問題がある」突然スライドを映写させ、福島教授はこう切り出した。さらに、一般演題で笠井技官らがこの鑑定法の研究発表をした際、福島教授は質問に立った。そして、「この鑑定法に問題が指摘された以上、それはまだやめておいて、今のところは電気泳動を行なわない〃HLA・DQα法（注3）〃だけにする方がよいのではないか」と技官らに提言した。

科警研はMCT118法の他に、より短い反復配列を持つSTR法［STRは2～5塩基単位の短い反復配列があるDNAの部位。第2部257頁参照］を含むDNA鑑定を採用した。これはキット［DNA鑑定機器メーカーが開発した、一度に多数箇所の部位を判定できる試薬と自動解析器などをセットにした検査システム］化されて販売されたが、それ以前にHLA・DQαは単独キットとして市販され、国際的にも導入されていた。

しかし、福島教授をはじめ多くの研究者は、本田の発見を誤って理解していた可能性が高い。つまり、MCT118法に誤差が生じるとすれば、それは123ラダーの問題であると誤解していた。そうではない、マーカー自体は正確だが他の塩基組成を持つDNA断片と同時にポリアクリルアミドゲル上で流す時に誤差が生じるのだ、と本田はことあるごとに繰り返したが、なかなか理解されなかった。

本田らの発表は学会誌『ＤＮＡ多型』（第１巻）に掲載された（注４）。ポリアクリルアミドゲルとアガロースゲルでの電気泳動を対比し、前者は塩基組成によって泳動速度が影響を受けるのに対して後者はそれが小さいことを示す写真も載せた。衝撃的な写真だった。

さらにその後、福島教授はこの発見を含めて日本人におけるＭＣＴ１１８型の遺伝子分布［それぞれの型の出現頻度］を、本田の後から助手として入ってきた女性研究者に書かせ、法医学分野の国際雑誌に投稿した。福島教授は監修著者として位置付けられた。まるでＭＣＴ１１８法の欠陥を国際的に公表した世界初の論文は本田ではなく、福島研究室の業績とされたようだった。本田は法医学界の「白い巨塔」を垣間見たようだった。

しかし、科警研が本田や福島教授の言葉を真摯に受け止めてＭＣＴ１１８法の検証実験を行なったという話を聞くことはなく、その後少なくとも93年6月までの約１年半の間、誤りが正されることなく犯罪捜査に用いられ続けてきた。この間、どれほどの冤罪を生んできたのかと考えると恐ろしい。

「やってません」

向かい合った２人の間に、沈黙が流れた。

「……本当言うと」

「うん」

「〔言っても〕いいですか」

「いいよ」

第5回、第6回公判期日の間である92年12月7日。森川検事はこの日も、菅家さんを取り調べていた。

「君の方からさ、今までね、『私がやりました』というね、調書録ってあるでしょ。そのことについてね、もう一回くらい聞こうかなと思ってね。本当に君がやったのかどうか、そこを聞きたいわけ。僕は本当のことを知りたいわけね。本当に君がやったのか、もう一回確かめたくてね、来たわけ。だから、今までね、こういうこと言っていた、ああいうこと言っていたということにこだわらないで、今日はもう自由な気持ちで、楽な気持ちで話してもらいたいと、こう思っているわけ。本当にやったのなら、本当にやったということで構わない。やっていないんだったら、やっていないということで構わない。どちらでもいいんだけども」

逮捕から1年、初公判から10カ月。森川検事の言葉の後、約19秒の沈黙があった。それからようやく、菅家さんは涙声を振り絞って真実を訴えた。

「やってません」

取調べ時の録音テープに記録された菅家さんの声が法廷内に設置されたスピーカーから響いたこの瞬間、耳を傾けていた報道機関の記者たちの大半は驚きの声を漏らしそうになった。「起訴後の検事調べで否認」――取材ノートにしっかりとメモする記者もいた。

森川　やってないの？　どちらも？　それとも片方だけ？

菅家　どちらもです。

森川　どっちもやっていない。

菅家　はい。

（中略）

森川　ああそう。うん。うん。あのね、万弥ちゃんの事件と、その後が有美ちゃんの事件と、そしてその後が真実ちゃんの事件とね、この3つの事件があるんだけど、ね、この……事件で、もう、ちょっと結論から聞くけどね、君がどの事件に関わっていて、どの事件に関わっていないか。

菅家　話していいですか？

森川　あー。

菅家　全然関わっていません。

森川　全然関わっていないの？

菅家　はい、絶対言えます。

森川　ああそう。

菅家　はい。

（沈黙13秒）

森川　じゃあね、このことでね、あのー、真実ちゃんの事件については、今裁判になっているわけだけど、君、裁判所ではね、この事件は間違いないと認めたでしょ。

菅家　はい。

森川　それはなぜなの？

菅家　やはり警察ですか、警察行って調べまして、それでまあ、さっき言ったように、夜遅くまであのー、調べられました。調べられ、調べられまして、それで、その〔12月〕

1日ですけれども、その日は自分はやっていない、やっていないと言っていたんですよ。

森川　うん、うん、うん。

菅家　だけど。

森川　それは分かっている。

菅家　全然認めてくれないんですよ。

森川　うん、うん。

菅家　自分は悔しくなっちゃったんですよ（涙声）。本当にやっていなかったのに。

森川　うん。

菅家　本当にやってなかったんですよ。それで全然もう認めてくれなくて。それで夜遅くなってしまったんです。それで、なんて言うんですか、あの、夜遅くなりましたから、これ以上、10日も20日もやっていない、やっていないと言うと、殴る蹴るとかされるんじゃないかと自分は恐怖の……。

森川　分かった。

菅家　恐怖の……（※聞き取れず）。

（中略）

森川　僕がね、不思議に思うのは、なんて言うかな、今までこういうふうにね、事件との関わりを否定したことがあったんだけれども、〔菅家さんが〕否定したのはね、万弥ちゃんの事件と有美ちゃんの事件でね、否定しただけなの。で、真実ちゃんの事件についてはね、否定したことがなかったと思うんだけど。裁判所でもね、僕はそれを聞いてないし、それから、あのー、こないだ東京拘置所へ行って、福島先生［菅家さんの精神鑑定を行なった福島章上智大学名誉教授］と話をした時があってね、君、認めていたと思うんだよね。真実ちゃんの事件。なぜそうなんだろうかと。ね。警察が怖いとか、殴られるかもしれないと、そういったところで、僕は怒鳴ったりしたことは一度もないと思ってはいるんだけどね、ん？

菅家　はい、そうです。

森川　うん。あーそう。だけどさ、その僕の目の前でね、事件否定したことあるんだよ。（笑）覚えてない？　それですると、また認めちゃったんだけど、僕がよく分からないのは、ね、今まで否定したことがあるのは、万弥ちゃんと有美ちゃんの事件だけで、真実ちゃんの事件否定したことはないんだよ。僕が記憶する限りでは、まぁ僕自身、メモしているのでもね。そういうの一度もないんだよ。

菅家　……（沈黙18秒）。（鼻をすする）

森川　だから事件との関わりを否定する気持ちになったんだったらね、ね、そしてそれが本当だというんだったら、何で今まで、万弥ちゃんの事件や有美ちゃんの事件との関わりを否定した時に、起訴されている真実ちゃんの事件もね、一緒に否定しなかったんだろうかと思っているの。

菅家　やはり、真実ちゃんのも、やっていないやっていないと言いますと、やはり、何回も言っちゃ悪いんですけど、やはり、殴られたり蹴られたり（涙声）、そんな頭の中にあったんです、そんなことが。

（中略）

森川　うん、それから？　説明以外もあるの？

菅家　やはり、犯人とかそういうふうにされましたけども、だけどそうじゃないからどう説明していいか分からないんですよ（涙声）。

森川　あ、そう。君、裁判が始まったらどうするつもり？　また裁判始まったら。今ここで言った通り言う？　まだ決めてない？

菅家　……（沈黙15秒）。　〔2010年1月21日第4回再審公判〕

「勘弁してください」

翌8日、森川検事は再び宇都宮拘置支所に足を運んだ。予定はなかったが、真実ちゃん事件について菅家さんをもう一度取り調べることにした。

森川　……（沈黙約5秒）ところで前にね、君からちょっと変なこと聞いたんでね、今日来たんだけれども。
菅家　はい。
森川　……（沈黙約5秒）今、起訴している、ね、真実ちゃんの事件。
菅家　はい。
森川　……（沈黙約5秒）あれは、君がやったことに間違いないんじゃないのかな？
菅家　違います。
森川　ええ？
菅家　……違います。

森川　違う？

菅家　はい。

森川　ふーん。

菅家　それでなんか、いいですか？

森川　うん。

菅家　鑑定ですか？

森川　うん。

菅家　自分にはよく分かんないですけど、なに鑑定っていいましたっけ？

森川　ＤＮＡ鑑定。

菅家　そんなこと聞いたんですけど、でも自分じゃそれ全然覚えてないんです。

森川　だけど、ＤＮＡ鑑定で、君とね、君の精液と一致する精液があるんだよ？

菅家　全然それ、分かんないですよ。本当に。

森川　……（沈黙約５秒）え？

菅家　絶対違うんです。

森川　違うんですって言ったってさ、え？　君と同じ精液持っている人が何人いると思ってんの?

菅家　……(沈黙約5秒)。

森川検事は「真実ちゃんの下着の中に陰毛がついていて、それも一致するんだよ」と他の証拠にも言及した。しかし、実は陰毛ではなく1本の毛髪であったこと、そして肌着遺留精液とは極めて高い類似性が認められることが、その後の鑑定で分かった。

「違う」

「陰毛の血液型と、真実ちゃんについていた唾液も一致している。君が認めたっていうことだけじゃなくて、他に証拠があるからだよ?」森川検事はDNA鑑定の結果を盾にし、言葉を失って黙り込む菅家さんに、畳み掛けるように問い質した。

「コンクリートの堤防上で殺したなんていうのはね、警察だって僕だって、誰も想像してなかったことだと思うんだけどね。コンクリートの堤防上でね、首しめて、それで運ぶときに、斜面で一回下ろしたとか、説明したでしょう? どうなんだい? ずるいじゃないか、君。なんで僕の目を見て言わないの。さっきから君は、僕の目を一度も見てないよ」

「ごめんなさい」途方に暮れ、菅家さんはすすり泣き始めた。

「嘘だったの？　そうだね」犯行を認めさせようとさらに踏み込んだ森川検事に、「勘弁してください。勘弁してくださいよ」――なす術もなく、菅家さんは鼻をすすり懇願した。

森川　草むらに置かれて死んでっちゃった真実ちゃん、かわいそうだと僕は思うしね。
菅家　自分も思います。
森川　ね、それが、君が本当に違うんだったらだよ、全然やってない人を罪に落としてね、真実ちゃんだって浮かばれないし。
菅家　はい。
森川　かと言って、本当は罪を犯しているのに免れるんだったら、本当それこそかわいそうでしかたないと思うよ？　だから、僕は、本当のことを言え、言ってもらいたいと思っている。ね？
菅家　……（沈黙約7秒）。
森川　それで、話しているわけでね。
菅家　……（沈黙約16秒、涙混じりの声で）すみません……。
森川　間違いないんだな？　ん？　真実ちゃんの事件は間違いないんだね？

菅家　はい。
森川　やったの？
菅家　あとは知りませんけども。
森川　真実ちゃんのは間違いない？
菅家　はい。すみません。

（中略）

森川　そう。僕はね、昨日、真実ちゃんの事件はね、僕はもう間違いないと思ってたから聞くつもりはなかったんだけど、それで、万弥ちゃんの事件とかね有美ちゃんの事件が、ちょっとね、まだやっぱり古いっていうこともあって、よく分からないこともあったからね、（中略）この二つの事件本当にやったのかということで聞いたつもりなんだよ。
菅家　はい。
森川　そしたら、君、起訴してる真実ちゃんの事件ね、一番新しい事件ね。これが違うなんて言い出したからね、あれあれって思ったんだけどね。
菅家　本当申し訳ないです。勘弁してください。ごめんなさい。

（中略）

森川　昨日のあれは、真実ちゃんのあれも、嘘を言ったということで間違いないんだよね。
菅家　はい、すいません。ごめんなさい。取り消してください、昨日のは。
森川　うん、いいよそれは、それは気にしないでいいから。
菅家　はい、ありがとうございます。

〔２０１０年１月21日第４回再審公判〕

２日間にわたる森川検事の取調べには、いくつか問題がある。

検察官は起訴後であっても、被告人に対し起訴に関わる事実について、公判維持に必要な取調べを行なうことはできる。ただしその取調べは、刑事訴訟法の大原則である当事者主義や公判中心主義の趣旨を損なう危険がある。そのため、公判開始後は法廷で被告人質問をするのが一般的であり、あえて公判外で取調べを行なう必要性は低い。それが許されるのは、高度の必要性が認められる場合だ。それも、検察官が被告人や弁護人の承諾を得るなど、対応を十分に行なったと評価できる場合に限る。

森川検事の取調べは、すでに二度、法廷で被告人質問を行なった後だ。事前に弁護人の許可も得ず、菅家さんには黙秘権の告知や弁護人の援助を受ける権利について何の説明もしなかった。憲法37条3項（注5）の精神を没却している。被告人である菅家さんの当事者としての地位を侵害するだけでなく、公判期日で行なわれた被告人質問を全く無視した、刑事訴訟法の原則に反するものだった。

足利事件の控訴審から弁護団に参加した泉澤章弁護士によれば、検察のこの取調べについて、《それを聞いた弁護団は驚愕した》という。《当初検察官は、あくまで別件の取り調べを録音したもので足利事件と関係ないと述べていたが、実際聞いてみると、本件である足利事件についても取り調べているものであった》からだ。そして、次のように批判した。

《従前菅家さんは一審第六回公判ではじめて否認に転じたと思われていたのだが、実はその前にも検察官の取り調べに対して別件二件だけでなく、足利事件についても否認していたという事実がはじめて明らかになった。（中略）検察官は、翌日（同月八日）、すぐにまた拘置所を訪れ、（中略）DNA鑑定が一致するのをどう思うなどと菅家さんを追い詰め、再度自白へと転じさせていたのである。そして、このことを全く知らない一審弁護人や裁判官を前に、検察官は、後の公判で再度自白から否認に転じた菅家さんの態度をして、まるで支援者に操られて否認に転じたかのように主張していたのである。検察官が、足利事件の公判が始まってからも、弁護人に秘して本件調べを行ったことは、それ自体として非難されるべきであるが、（再審判決もこのような検察官の取り調べははっきりと違法と断じている）、更に、菅家さんが否認に転じ、それまでの供述内容に強い疑念が持たれるようになったにもかかわらず、否認供述の内容を真剣に吟味するどころか、虚偽自白を維持するため、あわてて「説得」にまわるような取り調べを行うなど、より非難に値しよう》（「法と民主主義」日本民主法律家協会、2010年12月）

宇都宮地裁判決

1993年7月7日、菅家さんに有罪判決が言い渡された。自白とともに、科警研のDNA鑑定の結果が重要な証拠として採用された。判決文中、同鑑定は社会的に《歴史は浅く、その信頼性が社会一般により完全に承認されているとまでは未だ評価できないというほかない》と位置づけた。しかし、証拠能力については、次のように認めた。

《DNA鑑定に対する専門的な知識と技術及び経験を持った者によって、適切な方法により鑑定が行われたのであれば、鑑定結果が裁判所に対して不当な偏見を与えるおそれは

ないといってよく、これに証拠能力を認めることができるというべきである》

《同一ＤＮＡ型出現頻度《ひんど》に関する数値の証明力を、具体的な事実認定においていかに評価するかについては慎重を期す必要がある。しかしながら、この点を念頭に置くにせよ、血液型だけでなく、三百二十五通りという著しい多型性［多型とは人口の1%以上の頻度で存在する遺伝子の変異のこと］を示すＭＣＴ１１８型が一致したという事実が、一つの重要な間接事実となることは否定できず、これに先に上げた諸事実をも併せ考慮すると、本件においては被告人と犯行の結びつきを強く推認することができる》

しかし、どの型で一致するかによって出現頻度は異なる。例えば、ＭＣＴ１１８部位の18型の出現頻度は25%にも達するのだ。

さらに、サンプルの絶対数が少なすぎることも問題だった。地裁が判決の根拠とした〝１０００人に１・２人〟という出現頻度の確率が、その後大きく変わっていったのだ。

具体的には、科警研が地裁に提出した16－26型の「日本人３８０人における頻度分布（注6）」は、91年9月9日以前では調査人数が１９０人（出現頻度＝１０００人に１・２人）だった。それが、92年1月には３８１人（同２・５人）、93年8月に９５７人（同５・４人）

と増え、98年8月には調査人数1145人、出現頻度は6・23人になった。当時、足利市内の人口は約17万人で、血液型・DNA型が合う人は900人以上いる計算だ。

MCT118法には欠陥があり、前年12月のDNA多型研究会で科警研技官らはそれを知らされた。型判定が誤っている可能性と再検証を考えなかったのだろうか。また宇都宮地裁の裁判官たちも、これを高く評価した。審理の過程において中立の立場で真相を見出すべき彼らも、DNA鑑定に依存しすぎていたといえる。

無実の訴えは届かず、一審は終結した。翌8日、菅家さんは東京高裁に控訴した。一審の弁護人は辞任し、控訴審に向けて新たに弁護団が結成された。

(注1) 捜査機関が検察庁に捜査書類を送ることを、正式には「事件送致」といい、「送検」はメディアなどで使われる俗称である。同一の被疑者の余罪が判明した場合に、別事件として検察庁に送致することを追送検(正式には「追送」)という。

(注2) 1992年に帝人バイオ株式会社がDNA検査部門を立ち上げるため、筑波大学法医学教室の三澤章吾教授(当時)、原田勝二助教授(同)らの協力を仰いで設立したのが起源。当時、実用化されようとしていたDNA鑑定に関する研究を柱とした研究発表がなされた。内部にDNA鑑定検討委員会などが設置された。

（注3）ＨＬＡはHuman Leucocyte Antigenの略で、白血球表面の個人差を示すＤＮＡの部位。ＤＱとは抗原の組み合わせの一つ。

（注4）翌年、『ＤＮＡ多型研究の新しい展開（ＤＮＡ多型Ｖｏｌ・1）』（三澤章吾・原田勝二編、文光堂、1993年）に「各種ＶＮＴＲプライマーを用いたＡＭＰＦＬＰの検討」（本田克也、福島弘文ほか）としてまとめられた。

（注5）「刑事被告人は、いかなる場合にも、資格を有する弁護人を依頼することができる。被告人が自らこれを依頼することができないときは、国でこれを附する」と規定している。

（注6）ある遺伝子部位について、それぞれの遺伝子型がどのくらいの頻度で見られるかを明らかにしたもの。パーセント表示されて特定の型の出現頻度の計算に用いられる。

第4章　弁護

数字だけの置き換え

《MCT118型の判定において、繰り返し数を直接読み取る〔新しく販売されたシータス・〕アレリックラダー〔マーカー〕の方が型番号と繰り返し数が一致し、型分類も細分化されることから、よりのぞましい方法であると考えられた。シータス・アレリックラダーにおいては、型判定が難しい場合があるが、この問題は、DNA解析装置の応用により容易に解決されるものと判断される》（笠井賢太郎・坂井活子技官ほか「123塩基ラダーとシータス・アレリックラダーとの比較」『科学警察研究所報告　法科学編』科学警察研究所、1993年8月）

菅家さんに無期懲役の判決が出てから1カ月後のことだ。DNA多型研究会でいくつかの問題を指摘されて以来、科警研もMCT118法の欠陥を認めざるをえなくなったのだろう。有罪判決を見計らったように、科警研は修正論文を載せた。その中で、正確にバンドを測れるように電気泳動時のDNA断片のバンドパターンの型判定に使った〝物差し〟を変更したと明らかにした。

科警研は菅家さんのMCT118部位のDNA型を16‐26型と判定し、被害者の肌着に残っていた精液と一致したと判断した。ところが現実には、科警研はこの部位が何回配列を繰り返しているのか正確に調べる技術を持っていなかったのだ。16塩基の配列の反復数を調べるのだから大きくて16塩基、できれば半分の8塩基の配列まで測ることができる物差しがなかったことが問題とされがちである。しかし123ラダーとMCT118のバンドの流れ方に誤差が生じる以上、物差しの目盛りが大きかったことは誤判定の本質的原因ではない。

論文はさらに、上段がアレリックラダー、下段が123ラダーの型の数値を書いた表を掲載していた（次頁参照）。そして科警研は、《123塩基ラダーとシータス・アレリックラダーとは、ポリアクリルアミドゲル上での移動に規則的な対応が認められることから、従前からの123塩基ラダーによるMCT118部位DNA型の型番号とシータス・アレリックラダーによる型番号の相互の対応は可能》であると結論づけた。

しかし、ゲルの濃度や泳動条件によって型の位置は変わる。型も1対1で対応していない。例えば、型番号を新旧比較すると、123ラダーで「17型」と判定されるものは、

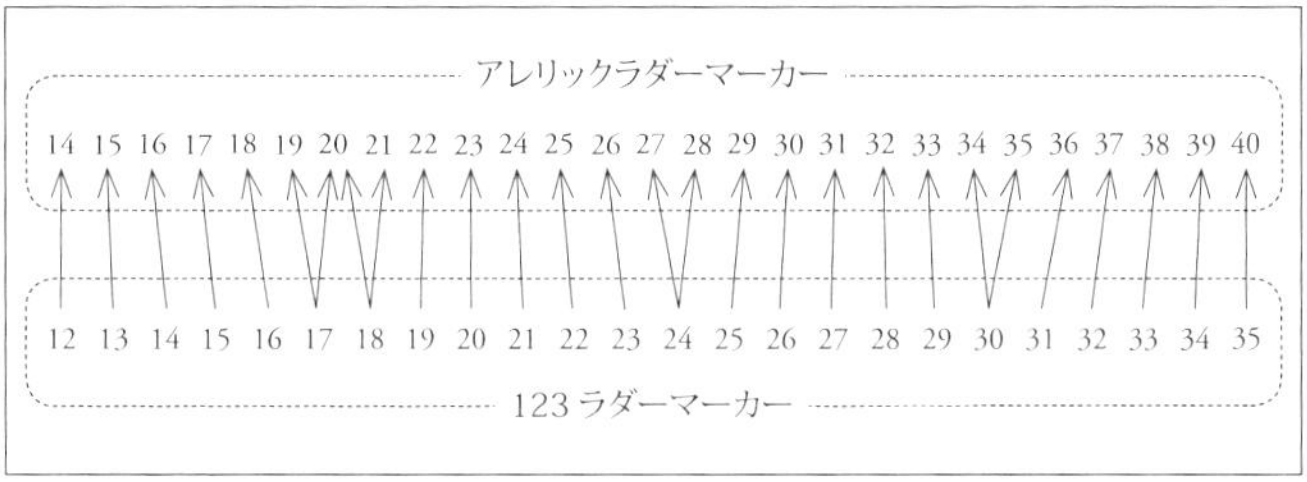

123 ラダーマーカーとアレリックラダーマーカーの型番号対照表

科警研は 123 ラダーの不正確さを認めながらも、アレリックラダーの数値に対応するとして対照表を作った（笠井賢太郎・坂井活子・吉田日南子「MCT118 座位 PCR 増幅産物のゲル電気泳動による分離と DNA マーカーによる型判定に関する技術的検討―123 塩基ラダーとシータス・アレリックラダーとの比較」『科学警察研究所報告法科学編』 46 巻 3 号をもとに作成）。

アレリックラダーでは「19型あるいは20型」であるなど、型番号の誤差を許している。ところが、ＭＣＴ１１８部位で一つの型がずれるということは、16塩基もの違いに相当する。他にも、１２３ラダーによる「18型」「24型」「30型」などにも不確実な対応関係があった。アレリックラダーの側から見ても、「20型」は１２３ラダーで「17型」「18型」と、二つに対応していた。いずれにしても不規則な対応の仕方であり、科警研の論文は、従来の数値に誤りがあったことを認めたばかりか、大きな誤差をもってしか対応できないという限界をも示すものだった。

それにもかかわらず、過去の鑑定結果については、おおよそ2～3を加えた大きい数値の型に置き換えられる、対照表で換算すればすむと安易な結論づけだった。直接的な表現こそないものの、鑑定に誤りはないとしたのである（なお、この論文では足利事件の鑑定については一切触れていないが、元鑑定の16－26型は、18型のいずれか〔18－29、30、31〕になると読み取れる。ここでは26型は曖昧にも三つの型に対応させている）。そして、この頃から科警研は「DNA鑑定」ではなく、「DNA型鑑定」だと主張し始めた。つまり、型が合っていればそれで十分でそれ以上ではない、ということを流布し始めたのだ（第2部256頁参照）。こうして型を誤って判定していたことを認めたにもかかわらず、後に法廷でも証言されたように16－26型は18－30型へと何事もなかったように書き換えられてしまったのである。

だが前述の通り、MCT118部位の16型と18型とでは意味が違う。A型とB型の血液型が異なるのと同じことだ。誤った判定だ。科警研の〝主張〟を分かりやすく例えると、実際の身長は165センチメートルなのに物差しが狂っていて150センチメートルと測定した、けれど誤った物差しではそうなるのだから判定自体は誤りではない、150センチメートルを165センチメートルと表現が異なっただけで誤ったわけではない、とミスを隠蔽しているのである。

あくまで誤りを認めようとしない、あるいは認めたくてもできない科警研の体質が論文には滲み出ていた。そしてこの誤りを認めない〝欠陥〟が悲劇を拡大していったのである。

控訴審

1994年4月28日、東京高裁（高木俊夫裁判長、岡村稔裁判官、長谷川憲一裁判官）において、その後2年にわたる控訴審（注1）の幕開けとなる初公判が開かれた。

これからの刑事弁護活動にDNA鑑定の知識は欠かせない――一審終結後から菅家さんの弁護人になった佐藤博史弁護士は、常々そう考えてきた。そこで94年5月、他の弁護士とともに日本大学の押田茂實教授のもとを訪れ、DNA鑑定の実習をした。従来、DNAの検査には1週間くらいかかっていたのを押田教授が技術改良し、1日でできるようにしたのだ。佐藤弁護士はこのチャンスを見逃さなかった。

控訴審弁護団には日本DNA多型研究会に所属するDNA鑑定に詳しい弁護士が参加した。弁護方針は一審とがらりと変わり、科警研の鑑定を追及することになった。控訴審ではまず、マーカーの変更を問題提起することを弁護方針に打ち立てた。そこで、旧マーカーである123ラダーを使い、誤った結果を出した科警研の技官2人を証人申請した。

同年9月22日の第4回公判に、向山明孝元技官が出廷した。向山元技官は菅家さんが逮捕されてから5カ月後の92年4月、理由は不明であるが定年を待たず科警研を辞職しＪＲＡ競走馬総合研究所（生命科学研究グループ）に再就職していた。

数値が変更されたことと、それに伴い彼らが行なった鑑定が果たして今でも信用に足るかどうか、弁護人が質問した。

「旧マーカーを使ってＤＮＡ型をパターンとして検出後、画像解析装置を使って塩基配列を算出。そこには誤差も出てきた。新マーカーを使うことによって、より正確な繰り返し配列と比較的簡単に型判定ができるということから変更したというふうに聞いている」したがって「マーカーを変更したことに関連して、旧鑑定の信頼性が揺らぐことは少なくともないと思う」と向山元技官は証言した。

続く第5回公判（10月6日）には坂井活子技官が証言に立ち、「123塩基ラダーで示されている型が正しい繰り返し回数を表す型ではなかったということが分かった」と、旧マーカーが正しい物差しの役目を果たしていないことを認めた。

その時その欠陥に気がつかなかったのか、と弁護団は重ねて尋ねた。坂井技官は、123ラダーによって出た数値は「結果としては〔アレリックよりも〕多少低め〔数字が小さい〕に出ていますけれど」と数値の誤差を認めたものの、「当時、世界中の人で気がついた人はいなかったんじゃないかと思います」と証言した。しかし、92年7月には本田が欠陥を発見していた。坂井技官らはその後、何ら検証もしなかったことには触れなかった。

坂井技官の証言は核心に触れた。新しく導入したアレリックラダーは、塩基組成が MCT118部位の対立遺伝子である各アリルのそれぞれに対応するバンドを集めたものだ。この新マーカーは同部位の塩基組成と同じもので構成されている。しかし、旧マーカーの123ラダーでは、基準である塩基組成が異なっているのに、それによる誤差が生じうることに気づかずに鑑定を行なった、と。

「つまり、分からない部分があったまま、MCT118部位の分析をされてきたということになるわけでしょう」

「なにごとも基準というものは、最初は分からないもので始めまして、それでだんだん分かるものに変わってくると思うんですけれども」質問に坂井技官はこう答えたが、実際にはこの時点でも、旧マーカーの基準となる塩基組成は不明のままだった。

弁護側はさらに、鑑定書に記された出現頻度がその後、当初の5倍以上に変化したことに触れた。この現象は足利事件の鑑定が実施された時点では出現頻度がきちんと確定されずデータベースがあいまいだったこと、それにもかかわらず中途半端なデータ数や解析方法により鑑定を行なったことを意味している。

「DNA型が一致したからといって、犯人であると決めつけることはできないのではないか」

「型が同じだということを示しているだけです」坂井技官はこう説明し〝犯人確定〟とはしていないと答弁を逃げた。

だが、鑑定書に「1000人に1・2人の確率」と記載されて、これが偶然だと思う人は滅多にいないだろう。犯人と決めているのと同じだ。また、型が違えば出現頻度が大きく異なるはずなのに、坂井技官はこのことも明言することなく適当に証言をごまかした。

さらに、この公判ではもう一つ問題が明らかになった。科警研の鑑定における異同識別の判定は、電気泳動させたバンドパターンを写真撮影し、その画像を、本当かどうかはわからないが、写真ではなく特殊な解析装置で読み取って行なっていたという。

「それを記録したフィルムはどうしたのですか」

「画像〔フィルム〕自体の保管はされていません」――重要なデータであるにもかかわらず、坂井技官は、初めから保存しなかったと証言した。

こうして、科警研によるDNA鑑定の重大な問題の数々を弁護団は法廷で明らかにした。しかし、東京高裁は科警研の鑑定の結論には疑問を持つことなく、一審判決をほぼそのまま追認し、96年5月9日に控訴棄却（注2）を言い渡した。

即日、菅家さんと弁護団は最高裁に上告（注3）した。

押田鑑定1――毛髪

東京高裁の判断に、佐藤弁護士は納得しなかった。控訴審では科警研によるDNA鑑定の問題点を浮き彫りにした。それなのに、新しいマーカーを使って検証もせず、DNA型の数字を置き換えただけで〃よし〃とした。信じ難いことだった。

アレリックラダーを使い、菅家さんのDNA型をもう一度確かめる必要があると弁護団は考えた。数字の置き換えが正しければ、科警研の技官が控訴審で証言したように「16－26型」が訂正された「18－30型」が出るだろう。鑑定結果が異なれば、再鑑定の必要性を突きつけることができる。

方針は決まった。次の問題は、どこが鑑定するかだ。控訴審の結果をみれば、科警研と裁判所が動くはずもない。大学の法医学者らに弁護団から嘱託鑑定を依頼するしかない。しかし、引き受けてくれる法医学者はほとんどいないのが現状だった。彼らは通常、警察や検察の依頼で仕事をしているからだ。

96年秋、佐藤弁護士は再び押田教授のもとを訪れた。相談したところ、押田教授は、鑑定自体は行なうことに異存はないと答えた。しかし、一つ問題があった。〝他人の手が間に入った試料を使わない。必ず自分で採血、あるいは直接被験者本人が引き抜いた髪の毛でなければ鑑定しない〟のが押田教授の鉄則だった。菅家さんは今、拘置所に収監されている。この状態では試料の受け渡しができないという壁が立ちはだかった。

熟慮の末、菅家さんに自分の毛髪を引き抜いてもらい、それをビニール袋に入れて封書で弁護士宛てに送ってもらうことで決まった。

97年2月、弁護士経由で菅家さんの毛髪44本が押田教授に届けられた。正確なDNA鑑定には欠かせない、細胞核を含む毛根部がはっきりと残っている4本を使い、押田教授と中国人の鉄堅・日本大学講師がアレリックラダーを使って鑑定をした。結果はいずれも「18‐29型」。科警研が数字だけを置き換え控訴審で証言した18‐30型とは明らかに異なっていた。

この結果に、押田教授は身震いがするほど驚いたという。

「科警研が検査して、その結果に基づいて控訴審の東京高裁でも無期懲役という判決が出ていたから、今回の検査は間違いではないかと思った。〝一つ型が違えば他人である〟という DNA 型の特徴に照らし合わせると、これは大変なことになったと思った」

裁判に大きく影響する重大な結果に再鑑定の可能性を感じた押田教授は、疑いが生じた場合は第三者がこれを検証する必要があると考え、残りの髪の毛を日本大学医学部法医学教室にある零下80度の超低温保管庫に保管した。

しかし、この独自鑑定の結果だけで菅家さんの無実を証明できるわけではない。これは型判定の誤りを指摘したにすぎず、遺留精液との異同はまだ証明されていないからだ。

だからこそ、と弁護団は考えた。肌着の鑑定で異同識別することは絶対に必要だ。もちろん、肌着に付着した精液の DNA 型が独自鑑定と同一だったら、事情は全く変わらない。しかし、異なっていれば犯人ではない。

1997年10月28日、弁護団は最高裁に押田鑑定書を新証拠とする補充書を提出し、肌着と菅家さんの血液との DNA 再鑑定の請求を行なった。

ところが、3年後の2000年7月17日、最高裁(亀山継夫裁判長)は上告を棄却した。裁判官5人、全員一致で菅家さんの有罪を確定したのだ。押田鑑定は無視され、科警研の鑑定は証拠として証明力が認められるという〝お墨付き〟がつき、菅家さんは千葉刑務所に収監された。

　弁護団は落胆したが、このまま黙っているわけにはいかない。上告棄却理由を精査したところ、押田鑑定には何も言及していなかった。つまり、押田鑑定を新証拠としてもう一度提出し、再鑑定を請求するチャンスがあるということだ。諦めるわけにはいかなかった。

　2年5カ月後の2002年12月25日、菅家さんが宇都宮地裁に再審請求を行なうと、弁護団は押田鑑定書を新証拠として提出した。そして、再審開始に備え満を持していた。


「請求を棄却する」

　2008年2月13日、再審請求から5年以上もの時間をかけて地裁が出した決定に、弁護団は目の前が暗くなる思いだった。期待が無惨にも打ち砕かれた。弁護団の誰もが信じていた菅家さんの無罪の証明が、はるか遠くに消えていくように感じた。

　そして、長すぎた審理の間の2005年5月、足利事件は公訴の時効が成立した。

押田鑑定2――兄弟

　弁護団は即日、東京高裁に即時抗告（注4）の申立てを行なった。

〝棄却〟という結果にショックがなかったといえば嘘になる。それでも佐藤弁護士らは、一筋の光を見出した。棄却理由書に記された《検査対象試料の来歴に関する裏付けのない押田報告書にあっては、その証拠価値は極めて乏しい》という一文だ。

宇都宮地裁の池本壽美子《すみこ》裁判長が指摘したのは、弁護側の鑑定に用いた毛髪が本当に菅家さんのものであることの証明がないので新証拠としての証拠価値がない、ということだ。毛髪が本人のものであると証明できれば再鑑定の道が開ける。菅家さんには兄がいる。兄弟鑑定で証明できるのではないか――。

方針が決まり、再び押田教授と鉄講師に挑んでもらった。兄は血液を、菅家さんは独自鑑定で使用した残りの毛髪の1本を、最新のSTR法によって鑑定した。常染色体［性別にかかわらず存在する染色体。ヒトの場合は22対の遺伝子のセット。父親と母親からそれぞれ半分が遺伝する］にあるSTR15部位のうち共有するDNA型が比較的多く、性染色体であるY染色体［父親から男子に完全に遺伝するために、父とすべての男児間では完全に一致する］のSTR16部位が全て一致すれば、血のつながった兄弟である。

2008年11月13日付の押田鑑定書によれば、Y染色体はSTR16部位の全ての型が一致した。この結果から、同じ父親を有する兄弟であっても矛盾しないと結論づけられた。毛髪が菅家さんのものであることが、はっきり証明できたのである。弁護団は菅家さんの無実証明を懸け、再鑑定を求める請求を行なう準備に取りかかった。

肌着

弁護側には一つ懸念材料があった。それは、この時点ですでに18年以上経た肌着遺留精液のDNA鑑定が本当にできるのかどうかという、根本的な問題だった。押田教授らが鑑定で使った毛髪や血液には鮮度があるうえ、残った試料も超低温保管庫にある。

しかし、肌着はDNA鑑定が前提とされていたわけではなく、そもそも当時まだ誰もよく理解していなかったので、最初から杜撰きわまりない取扱いや保管方法だった。

川の中から発見された肌着は科捜研がヒーターを使い37度の熱で2日間かけて乾かしたのは前述の通りである（なお、控訴審で科捜研の福島技官は「2、3日自然乾燥させた」と証言したがそれは偽証だったことを、後に筆者の取材で認めた）。その後、科捜研は低温保管装置を備えていたにもかかわらず、肌着を段ボール箱に入れてロッカーで保管した。犯人の血液型を特定するために用いられた後は足利署に返却された。低温保管装置のないところで、DNAの劣化対策もとられることなく常温で保管された。1年3カ月後、科警研で鑑定を行なうために、肌着はいったん東京に運ばれた。鑑定後は再び捜査本部に戻され、前と同じく常温のロッカーに保管された。菅家さんが逮捕された後は検察庁に送られたがそこでも、そして宇都宮地裁や東京高裁の証拠保管庫でも、常温で保管されていた。

弁護団は何度も、カビなどの細菌によるＤＮＡの破壊・変質を防ぐために肌着を超低温保管するよう求めたが、叶わなかった。それが実現したのは再審請求の期間中である２００４年7月12日、宇都宮地裁（飯渕進裁判長）が自治医科大学法医学教室に委託を行なってからであり、事件発生から14年を経ていた。

肌着に遺留するＤＮＡ試料は汚染《コンタミネーション》（以下、コンタミ）どころか、劣化が進み低分子化(古いＤＮＡに生じうるＤＮＡの分解)がさらに進んでいることは間違いないことが、弁護団を不安にさせた。警察庁は１９９２年4月14日に「ＤＮＡ型鑑定の運用に関する指針」で「試料の保存に当たっては、混同、漏出等を防止するために凍結破損しない容器に個別に収納し、超低温槽（マイナス80度）で冷凍保存するなど試料の変質防止等に努める」ことを全国の警察に通達していた。それなのに「まるで試料を劣化させて、再鑑定を不能にするかのように時を浪費させたとしか思えない」と弁護人たちは唖然とした。何としても再鑑定を阻止したい理由があるのではないか、とも考えられた。肌着の重要性を理解しながら対応しなかった検察や裁判所に対しても、弁護団は改めて強い憤りを感じた。

さらに、精液斑を確認するために噴霧したSMテスト試薬によって、その後DNAの破壊が促進された可能性もある。よほどの技術を持っていなければ鑑定は難しい。白羽の矢を立てるべき人物をめぐり、弁護団のなかで何度も議論が行なわれた。

弁護団はまず、劣化が進んだ試料を用いて当時科警研が行なったMCT118法を再現することは可能かどうか押田教授に打診した。しかし、「キットが使えない以上、検査はできない」という答えが返ってきた。

佐藤弁護士らはため息をついた。押田教授も再審請求却下にはかなり激怒していたはずだが、この裁判にはもう関わりたくないと思ったのかもしれない。科警研の鑑定の疑義を実験で示したのに、それを門前払いにしたのが裁判所である。このような裁判を続けている限り、なす術がないと思っても不思議はないだろう。

押田教授が言うように、この時期、MCT118法の検査キットが販売停止となった。科警研や科捜研のバックアップがあって初めて市場に出ることができたキットだ。彼らが使用しないと宣言すれば、撤収は避けられない。科警研とメーカーには太いパイプがある。科警研がメーカーの商品販売に無関係であるとはいえない。「どうしてこの時期に。誰がそうさせたのか」と、押田教授も弁護団も臍《ほぞ》を噛んだ。

しかし、弁護団は状況に屈するわけにはいかなかった。すでにＤＮＡ鑑定に対して一石を投じることに成功したのである。何か他の方法はないか。活路を探して模索したが、これ以上どうにもならないのではないかという声も、次第に出るようになった。

その時、笹森学弁護士がその不安に応えた。笹森弁護士は法医学者に劣らぬほどＤＮＡ鑑定を熟知し、またその道で異彩を放つ法医学者を知っていた。

「古い試料からも鑑定ができる学者がいる。彼はミトコンドリアのＤＮＡを用いた鑑定ができる」

佐藤弁護士らは肩を落とした。一つ壁を破るたびに光明が見える気がするが、それも束の間、途端に新たな難問が降りかかってくる。確かに、別の鑑定人を頼るという方法もある。しかし、押田教授にここまで多くの世話になってきた以上、他の人に声をかけるということは、できれば避けたかった。とはいえ、鑑定を断られているのも事実だ。新たな道を切り拓くしかないのではないか――佐藤弁護士は苦悶した。

ミトコンドリア法は検出感度が高い方法だ。普通に行なわれている細胞核を用いた鑑定ではできない試料でもＤＮＡを検出しうる。これを行なえば菅家さんと肌着遺留精液との異同識別はできるはずだ。そのことは、佐藤弁護士も知識としては知っていた。

それにしても、ＭＣＴ１１８法を再現することは現実に不可能なのか。本当はこれができた方がいい。そこを突き崩さないかぎり、押田鑑定で追いつめた科警研の誤りを正すことができない。問題はこれらの鑑定を一手にできる鑑定人が日本にいるかどうかだが、笹森弁護士はその人物を知っているという。

もしそうなら、前に踏み出して試みるしかない。笹森弁護士の忠言に耳を傾けてみよう。いや、やらなければならない。そうしなければ、無実の菅家さんが無罪になることは永遠にないのだから。ここで諦めるわけにはいかない。佐藤弁護士は笹森弁護士の意見に、藁《わら》にもすがる思いであった。

再鑑定を依頼

再鑑定の暁には確実に無罪を勝ち取りたい——それは、菅家さんと弁護団の積年の思いだった。だからこそ、再鑑定を誰に依頼するかは重要なポイントだった。

笹森弁護士の郷里の北海道では、１９７２年から74年にかけて3件の強姦殺人・強姦致傷事件が起きていた。１９９０年には、最高裁で犯人とされた男性の死刑が確定した。この事件の再審請求審で、札幌高裁は95年12月、北海道大学と東京大学に保管（注５）されている2人の被害者の膣内容物をぬぐったカーゼ片と、再審請求人である死刑囚の血液とのDNA鑑定の実施を決定した。再審請求裁判としては国内初の裁判所嘱託のDNA鑑定で、検察、弁護側の鑑定人による複数鑑定だった。死刑囚の弁護人が笹森弁護士だった。

この決定を勝ち取るに至るまで、笹森弁護士は全国の法医学者に鑑定を依頼して回った。しかし、全て断られていた。「みどり荘事件」の判決直後だったからだ。

1981年6月、大分県大分市のアパート「みどり荘」で当時18歳の女性が殺された。半年後、隣室の男性が逮捕された。遺留品である毛髪と男性のDNA型が一致したことを理由として、一審で無期懲役の判決が出た。しかし、控訴審で覆った。遺留品と男性の毛髪の長さが異なることや、一審の鑑定人自身が鑑定の破綻を認めたことが理由だ。その結果、1995年6月30日に完全無罪判決が出た。DNA鑑定に対する信頼が大きく損なわれ、DNA鑑定にとっては〝闇の時代〟を迎えつつあった。鑑定をしても裁判で叩かれるのではないかと、どの大学の研究者も過敏になっていたのだ。

方々訪ね歩いた笹森弁護士は、ようやく引き受け手を見つけた。当時、大阪大学医学部助教授だった本田だ。助手として福島教授のもとで2年半勤めた後、若杉長英・同大学法医学教授の目に止まり引き抜かれた。当時の大阪大学はDNA鑑定の研究業績を上げ、関西圏におけるリーダーシップを取ることを目的としており、本田に期待したのである。

DNA鑑定の不遇の時代性など、本田にはどこ吹く風だった。周囲の声に一切惑わされることなく、鑑定を引き受けようと思った。若杉教授も支援してくれた。そして偶然にも、この時の検察側の鑑定人は科警研の笠井技官だった。

もしかしたら冤罪かもしれないと思い、本田はこの難しい鑑定に取り組んだ。しかし、約25年前のガーゼ片の鑑定である。試料は古いうえに、精液とともに被害者の膣上皮細胞も付着している。したがって被害者の型も含まれてくる可能性があるが、被害者の細胞を〝引き算〟できるような対照試料、たとえば被害者のDNA型を明らかにできるような血液や臓器はもはや残されていない。難攻不落の城のような鑑定で、並大抵の方法では結果を出すことができないだろうと本田は考えた。

STR法はすでに開発されていたが、しかし、被害者と犯人が混合した試料の鑑定に用いるには限界がある。被害者の型が分かっていなければならないからだ。また、精子と膣上皮細胞を選択的に抽出する方法も開発されていたが、この方法は細胞の形態がある程度保持されていなければ有効ではない。

この鑑定をクリアする方法はたった一つ、Y-STR法しかないと本田は確信した。

常染色体上のＳＴＲはすでに多数見つかっていたが、性別を決めるＸ、Ｙ染色体のＳＴＲはほとんど未発見であった。このうちＹ-ＳＴＲは、１９９２年にドイツ・フンボルト大学のルッツ・ローワー教授が発表した「ＤＹＳ19」という部位のみが知られていた。しかし、この一つの部位だけでは識別力が低く、偶然の一致を無視できない。とても鑑定に堪える代物ではなかった。

ならばなぜ、Ｙ-ＳＴＲ法が優れているのか。その理由は、Ｙ染色体は男件のみに存在するという点にある。したがって、女性と男性の混合試料の場合でも、Ｙ-ＳＴＲ法による検査を行なえば、犯人である男性の型のみが選択的に検出されることになる。それだけに、この方法は性犯罪には大きな威力を発揮する。

好機だったのは、この事件のＤＮＡ鑑定の実施を決定したのと同じ年の１９９５年、スペインで開催された国際法医遺伝学会において、ローワー教授らがさらに多数のＳＴＲ部位を発表したことだ。会議に参加した本田は、偶然にこれを知った。

「これから難しい鑑定を行なう。ぜひ、この方法を取得したい」本田が請うと、「来年〔１９９６年〕４月に第１回Ｙ-ＳＴＲワークショップが開催される。このプロジェクトに参加しないか」とローワー教授は打診した。そこで翌年、技術の修得と日本でのデータベース作成のために、日本からはただ一人参加した（なお、その後も本田は彼らと共同研究を行ない、ワークショップも現在まで続いている。本田はここで多くの研究発表を行なった）。

この技術がほぼ完成した96年12月、さらに本田はY-STR法のDNA抽出の効率を上げる方法を開拓した。水酸化ナトリウムとアルカリ・プロテナーゼというタンパク分解酵素を使用する方法だ。強いアルカリ溶液中でもDNAが安定である性質を利用したもので、水酸化ナトリウムの強い溶解作用を用いて陳旧化した試料からDNAの抽出効力を上げたのである。その結果、ついに25年前の精液斑からの鑑定に成功した。DYS19、DYS390、DYS393、YCA2という4つの部位を検出し、その鑑定結果はすぐに裁判所に郵送した。

11月20日、本田は北海道に飛んだ。札幌はすでに雪に包まれていた。空港から札幌拘置所に向かい、死刑囚の採血を行なった。その後ただちに大阪に帰り、両者の型を照合した。

鑑定の成功の喜びとは裏腹に、その結果に本田は落胆した。笹森弁護士をはじめとする弁護団の夢を打ち砕いてしまったからだ。もしかしたら冤罪ではないかという期待はあったが、その可能性は消えた。証拠試料と死刑囚のDNA型が一致したのだ。つらい思いを抱えつつ、本田は泳動写真も全て提示した鑑定書を作成した。

一方の笠井技官は、証拠試料の鑑定結果は先に提出してほしいという弁護団の要求を無視し、死刑囚の血液を入手した後にガーゼ片の鑑定書を作成した。目指すべき結果を容易に知りうる形での鑑定にすぎない。そのうえ、STR法が主流になりつつある時代にあってなお、MCT118法やHLA・DQα法といった古い鑑定を数種類行なっていた。そして、最後に彼が鑑定書で提示したのは、あまりにもきれいすぎる結果であった。試料によっては判定不明になっているものも確かにあったが、型が出ている部位は疑う余地もないほど死刑囚と一致していた。しかし、問題もあった。それは、笠井技官が提示したのは単なる数値を羅列した「表」だけで、鑑定結果を示す「写真」は一枚も添付していなかったことだ。

それに対し、本田は鑑定を二段階に分けて行ない、写真も添付した。本田の鑑定結果はごまかしようのない明白なものであるのは一目瞭然だった。内容の先進性でも鑑定の手続きにおいても、科警研の鑑定を圧倒していた。

ガーゼ片と血液のDNA型が一致した結果を本田が出したことを、裁判所から開示されて初めて笹森弁護士は知った。不一致の結果を出してくれるはず――そう期待していただけに笹森弁護士のショックは大きかった。しばらくは立ち直れないほどに落ち込んだ。

しかし、技術だけでなく、検察、弁護側に偏らず常に中立性を保ち、検査から導かれる客観的な結果のみにこだわる鑑定人としての本田の資質を、笹森弁護士はまざまざと見せつけられ、それがむしろ本田への敬意へと変わった。以後、2人は多くの事件に関わり、共同で仕事を行なってきた。

足利事件の再鑑定を押田教授に断られたと聞いた時、笹森弁護士はすぐに本田の名前が頭に浮かんだ。

札幌高裁の嘱託鑑定からも分かるように、本田は依頼者に迎合しない。口は固く約束を守る。法医学者としての信念に基づき、先入観を排して鑑定手続きの科学的な正当性にのみ厳格。新旧含めた鑑定技術に対応できる。DNA鑑定の歴史の生き証人ともいえる。このような長期にわたる足利事件の鑑定人としてうってつけの人物だ——そう考えた笹森弁護士は2008年9月、筑波大学に電話をかけた。

「足利事件の鑑定をお願いするかもしれない。その場合は、主任弁護人である佐藤弁護士の了解を得る必要がある。もし引き受けていただける可能性があるなら、弁護団会議で先生を推薦するので、一度佐藤弁護士に会ってほしい」

話を聞いた本田は驚いた。足利事件は何度も裁判が行なわれ、再審請求も2008年

2月に一度、却下されている。DNA鑑定の結果以外にも、有力な物的証拠や証言があるからではないのか。法医学者の誰もが怖くて蓋を開けたがらないような事件であるし、ましてや弁護側の依頼による鑑定。あまり気が進まなかったが、いまや〝戦友〟ともいえる間柄の笹森弁護士の話を無下に断ることはできない。佐藤弁護士は大変力のある人物だと聞いている——少し億劫《おっくう》だが、一度会ってみるしかないか……。

そこで、「試料を見てみないと、鑑定できるかどうかは分からないが」と断りを入れ本田は答えた。「必ずしもそちらに有利な結果にならなくてもよいのなら、検討したい」

数日後、佐藤弁護士は筑波大学病院内にある喫茶店にいた。〝刑事弁護の第一人者〟ともいわれているのだから闘争的な人物だろう、と本田は想像していた。しかし、目の前の人物は落ち着いた雰囲気で、ベテランらしさを醸し出していた。本田は少し安心した。

佐藤弁護士は本田に、事件には多くの法医学者が関わってきたことを話した。押田鑑定のことも説明した。上山滋太郎・獨協医科大学教授の解剖所見だけでなく、それに対する反論である鈴木康夫・山形大学教授の意見書も本田に見せた。

「なぜDNA鑑定を押田先生に頼まないのですか」手柄を横取りするようなやり方を好まない本田は当然の質問をした。押田教授も鑑定したいに違いない、とも考えた。

「キットが販売されていないのでＭＣＴ１１８法はできない、そのために引き受けていただけませんでした。しかし、本田先生ならこのような古い試料からでもミトコンドリアＤＮＡ法で鑑定できると笹森弁護士からうかがっているのですが」

「ＭＣＴ１１８法のキットは確かになくなっていますが、最新の装置でＰＣＲ産物のサイズを決めれば、容易に型判定できます」本田が答えると、佐藤弁護士は眼を見開いた。

本田がいう方法は、Ｙ-ＳＴＲ法のワークショップでは通常の検査方法であった。

「ＭＣＴ１１８法もできるのですか」

「できます。もちろん、ミトコンドリアＤＮＡ法でも。ＤＮＡ研究では普通に行なわれているカスタムプライマー［研究者が配列をオーダーした試薬］を用いたＰＣＲと毛細管電気泳動を用いれば可能です」

「それならばぜひにお願いしたい」と逸《はや》る佐藤弁護士に、本田は念を押した。

「私は科学者であり、法医学者として、中立を守っています。必ずしもそちらに有利な結果にならなくてもありのままを鑑定書にして提出しますので、そこはご了解ください」

「了解しました」佐藤弁護士はこう答え、その日の面会は終了した。

その後、笹森弁護士は弁護団会議で正式に本田を推薦し、佐藤弁護士も了解した。ただ、早々と本田の名前を公にしてしまうと、検察が再鑑定に首を縦に振らないことが予想される。再鑑定が議論に上る東京高裁の抗告審まで〝隠し球〟にしようと意見がまとまった。

２００８年5月23日、弁護団は再鑑定を求める請求を東京高裁に行なった。それは厳格で、信用性を保障する中身の濃いものだった。独自鑑定である押田鑑定をも正しい結果かどうか吟味するもので、求める鑑定内容を次のように記した。

《①申立人のＭＣＴ１１８部位のＤＮＡ型鑑定、②本件半袖下着に付着した遺留精液と申立人由来の試料を用いて、ＭＣＴ１１８部位の型判定を含む実施可能なＤＮＡ型鑑定を行い、申立人のＤＮＡと真犯人のＤＮＡ型鑑定の異同識別を行う》

再鑑定が行なわれる場合の鑑定人には、筑波大学医学部の本田克也教授を推薦すると明記した。ただ、弁護側が押田鑑定の検査報告書を添えてＤＮＡ再鑑定を最高裁に請求した97年当初から、検察は一貫して、〝足利事件の犯人は菅家さんであるから他の意見を差し挟む余地などない〟という態度だった。その検察が、そう簡単に再鑑定に応じるはずがない。どう出てくるか注目された。

（注1）地方裁判所や簡易裁判所における一審判決を不服とし、判決から2週間以内に高等裁判所（高裁）に申し立てることを「控訴」といい、その高裁で審理される裁判のことを控訴審という。

（注2）裁判所が訴えの内容を検討した結果、訴えの理由がないとして退けること。なお、手続きの不備などにより不適当な訴訟として、内容を検討することなく申立てを退けることを「却下」という。

（注3）控訴審の判決を不服として、上級の裁判所に審査を申し立てる行為。

（注4）最高裁判所以外の下級裁判所が出した決定・命令に対する不服申立て。上級裁判所に請求する。

（注5）東大にも試料があったのは、当時、北海道大学から東大に異動した高取健彦教授が、裁判所に無断で持って行ったからだ。高取教授が、当時スタッフだった山田良広助手に鑑定をやらせるつもりであると裁判所に連絡したことから、試料の存在が明らかになった。もちろん、高取教授の意向をそのまま裁判所が許可するはずはなかった。

第5章　前哨戦

検察の条件

弁護団の意見を受け、訴訟指揮（注1）をとる東京高裁は検察に意見を求めた。「無意味で断固反対」であろうという弁護団の大方の予想に反して、東京高等検察庁（高検）が2008年10月15日付で東京高裁に提出した意見書には、次のように記されていた。

《押田鑑定の存在は別として、科学技術の進歩によって新たな手法による鑑定等が確立され、その手法による鑑定等を新たに行えば、確定判決の信用性に何らかの影響を及ぼす可能性が認められるような場合、再審事件の審理において、かかる鑑定等を新たに行うべきであるか否かという問題については議論のあるところだと思われるところ、その問題については ここで論じないし、現在行われている鑑定手法により、本件半袖下着に付着した遺留精液と中立人由来の資料の異動識別を行うDNA鑑定を行うことについても、これを実施する必要性はないものと考えるが、裁判所の判断が実施ということであれば、本件に限り、検察官としてあえて反対するものではない》

菅家さんや弁護団にとってビッグニュースだった。このような態度に検察が出たのは初めてだった。DNA再鑑定について、検察側はかたくなに拒否し続けていたのだ。

なぜこの時期に、検察は再鑑定に「あえて反対しない」と述べたのか。一つには、押田鑑定により科警研鑑定に疑義が生じている現在、このままにしておくわけにはいかないという世論への配慮があったのかもしれない。そしてもう一つ、同年4月から福島教授が科警研所長に就任していたことも関係しているだろう。当時、福島教授は法医学界の中でDNA鑑定の権威だった。足利事件の検察側参謀として彼が実力を発揮すれば弁護側の攻撃をかわすことができると、科警研は自信を持っていたのかもしれない。

そのおよそ半年前のことである。福島教授の異動が新聞報道された時、本田は大きな驚きに見舞われたことを思い出した。かつては論敵であった科警研に就職するなど、想像できなかった。福島教授は生き方の方針を変えたのだろうか、と本田は訝《いぶか》しんだ。科学者としてのキャリアを裏切るような選択を、信州大学の定年退職を全うせずに果たしてできるのだろうか。しかし、もしかしたら……と考え直した。福島教授は科学者としての潔癖性をもって科警研を粛正するつもりなのかもしれない——本田は密かにそれを期待した。

一方、弁護人たちは検察側意見書を仔細に検討するうちに、再鑑定への期待が徐々に消えていった。なぜならそこに〝罠《わな》〟がしかけられていたからだ。検察が再鑑定に応じる意見書をあっさりと出したのも頷ける内容だった。

「東京高等検察庁　検事　牧島聡」名で提出された意見書には、再鑑定を認める条件としてかなり限定した方法が記されていた。それは、DNA鑑定を扱う法医学者としてはどう考えても承服しかねるものだった。検察の主張は次の3点だった。

① 菅家さんのMCT118部位のDNA鑑定だけを行なう鑑定は、無意味であるばかりか有害であるとすらいえるので、実施することは反対。また、肌着遺留精液と菅家さん由来の試料の異同識別を行うDNA鑑定についても、実施する必要性はないと考えるものの、この点については、あえて反対しない。

② 123ラダーを使用した場合の16‐26型がアレリックラダーを使用した場合の18‐30型だけに対応し、18‐29型には対応しないということを前提にした弁護人の立論は誤りである。同じ点が争点となった「飯塚事件」の控訴審判決においても認められている。16‐26型が18‐29型にも対応する場合のあることは明らかである。

③　肌着が投棄されるまでの間、被害者の親族を含め第三者が肌着に接触していた可能性および、当時はＤＮＡ鑑定についての知識が一般的でないこともあり、発見後は領置（注2）押収・鑑定・証拠品の移管等あらゆる過程において、多数の人物が接触した可能性もあるので、汚染《コンタミネーション》の影響を受けやすいミトコンドリアＤＮＡ鑑定は原則として行なうべきでない。後の検証の必要性を考えると、独自の手法ではなく一般的な手法による鑑定を行なうべきであり、市販の試薬を用いたＳＴＲ鑑定を行なうことが相当である。

検察側は最後に、鑑定人として大阪医科大学の鈴木廣一教授を推薦した。後に本田が得た情報では、鈴木教授を推薦したのは科警研の福島所長であったという。

鈴木教授は２００５年夏から厚生労働省の委託を受けて戦没者遺骨のＤＮＡ鑑定を行ない、翌年には外務省の委託によって横田めぐみさん拉致事件（注3）に関し、めぐみさんの娘およびその父親と推定される5人の拉致被害者の親族らのＤＮＡ鑑定を行なった。その結果、5人のうちの1人とめぐみさんの娘との父子関係を確定させるという《実績と信頼を有している》ために推薦した、と検察意見書にあった。

ところが、後に宇都宮地裁で行なわれた足利事件の再審法廷第2回公判（２００９年

11月24日）の鑑定人尋問で、鈴木教授は自力ではＤＮＡ鑑定ができないと証言した。それまでＤＮＡ鑑定の技術に関する研究を行なうこともほとんどなく、また、最新のＤＮＡ検査方法には携わっていなかった。実際の鑑定は助教授や技術主事ら法医学教室のスタッフに任せていた。足利事件の再鑑定も、そのスタッフたちが手がけた。彼らの鑑定結果を受けて結論を導き出すのが、鈴木教授のやり方だった。

鈴木教授と本田は偶然にも、05年1月に発生した強盗殺人事件のＤＮＡ鑑定に間接的に関わっていた。同年10月4日付『朝日』によれば、事件は次のような経過を辿った。

大阪市住吉区にあるマンションの自宅の居間で、女性（当時48歳）が首を紐のようなもので絞められ殺害されているのが見つかった。財布と台所のサイドボードの中から現金約50万円がなくなっていた。大阪府警捜査本部は、女性がその時に身に着けていたジャージのズボンから毛髪を1本採取したが、毛根部がなかった。一方で、ある男性が被害者宅周辺で目撃されていたことなどから、男性のひげ剃りに残っていたひげの任意提出を受けた。

捜査本部はまず、鈴木教授に嘱託鑑定を依頼した。鈴木教授はひげと遺留品の毛髪のＤＮＡ鑑定を行なったが、捜査関係者によると、結果を出したにもかかわらず「鑑定不能」と判断した。結果に微妙な食い違いがあり、それを解釈できなかったというのだ。

そこで、捜査本部は別の人に鑑定を依頼し直すことになった。名前が挙がったのが、大阪大学医学部助教授の時代に大阪府警から絶大なる信頼を得ていた本田だ。当時はすでに筑波大学に赴任していたが、追いかけてきた。

その頃、ＰＣＲ感度を上げるための触媒作用を持つ金属イオンの一つにバナジウムがあることを発見していた本田は、この方法を鑑定に適用することにした。そして、毛根のない毛髪からY-ＳＴＲ法や性別、血液型を含めて１３２部位に及ぶＤＮＡ鑑定を行ない、両者の型の同一性を６兆分の１の一致率で証明した。本田の鑑定後、容疑者は２００６年１月に全国に指名手配され、半年後の７月９日に東京都江戸川区の公園で野宿生活をしていたところを逮捕された。その後、殺害を素直に認めたという。

検察側意見書を受け、笹森弁護士は再び本田に電話をかけた。

「検察は〝鈴木廣一先生を推薦する〟と言っていますが、２人鑑定でもかまいませんか」

「北海道の事件の鑑定でも２人鑑定だったので、それでもいいですよ。鈴木先生は大阪大学時代から面識もあり、よく知っています。技術もあるとされているし、正義感が強く人柄もいいと思う」と本田は答えた。そして、今後の再鑑定に備えＭＣＴ１１８法のセットアップのため、実験条件を確定していった。

弁護側の反対意見

一方、〝MCT118やミトコンドリアDNA鑑定に反対したり、市販のキットのみの鑑定に限定するとすれば、これは再鑑定にはならない〞と、検察が提示した内容に憤りを感じていたのが弁護団だ。しかし、黙って見過ごすわけにはいかない。

押田鑑定によって菅家さんの型とは異なっていることはすでに判明している。まずは菅家さんの型を再確認し、その結果が肌着遺留精液のDNA型と同じかどうか異同識別する必要がある。それらの結果次第では、科警研が誤判定したという可能性もある。それは、真犯人が別にいる、ということをも意味している。

再鑑定によって真犯人のDNA型が明らかになる現実が見えてきて、弁護人たちは改めて固唾《かたず》をのんだ。しかし、逆に言えば、きちんと再鑑定ができなければ誤判定の原因も、真犯人の型も分からなくなる危険も秘めている。大事な証拠物である肌着のずさんな管理といい、再鑑定の条件といい、あわよくば鑑定不能に持ち込もうとしているのではないか、と弁護団は検察を疑わざるをえなかった。

検察の条件にはもう一つ問題があった。本田を鑑定人にさせないための条件としか思えなかった。〝市販の試薬（キット）で行なうべき〟と、鑑定方法まで限定していたのだ。鑑定嘱託では、回答してもらいたい項目のみを記載するのが普通だ。著しく専門性の高い鑑定方法について、検察官が云々《うんぬん》できるものではない。検察が求めたのは、本田に優れた技能を発揮させないためのマニュアルに従った単純な鑑定だった。

もともと本田は検察の依頼で鑑定することが多かった。司法解剖で貢献したことも無数にあり、多くの難事件の解決に尽力してきた。DNA鑑定の検出能力が優れていることも検察は熟知しているはずだ。検察が提示した条件に、失敗させた方がよいという邪悪な意図が垣間見えた。真実がわからない方がよいと言っているかのようだった。

再鑑定が必要な理由は、菅家さんの無罪を証明するためだけではない。有罪とする決め手となった科警研の鑑定が本当に正しかったのか、ということも問われているからだ。DNAの部位も検査方法も異なるのでは、科警研の鑑定の真偽を科学的に証明することはできない。同じ部位と同じ手法で再現することによって、誤判定が起きた原因――それが人的ミスなのかどうか、どの過程で起きたのか等――を解明できるはずだ。

しかし検察は、科警研の権威だけは何としても守ろうとした。MCT118法をやらせない限り、科警研の鑑定では偶然に一致していたとして、判定の正しさは覆されずにすむうえ、高精度の新しい鑑定によって不一致が見つかったことにすればいい――つまり、両方とも〝正しい〟とすることができる――こういった知恵を持っている人物は、検察官のなかにはおそらくいない。誰がそれを指示したのか。

また、検察はミトコンドリアＤＮＡ法の実施にも反対した。しかし、核とミトコンドリアでは、それぞれのＤＮＡ鑑定に代え難い長所がある。

ミトコンドリアは一つの細胞に、核ＤＮＡの数千倍程度に相当するゲノム［ＤＮＡの全ての遺伝情報］がある。つまり、１個の細胞が数千個に相当し、ごく微量の試料に有効である。さらに、劣化したＤＮＡでも判定ができ検出感度がよいので、低分子化したＤＮＡの個人識別に非常に有効な手法だ。常温で放置されてきた肌着には、この鑑定法はうってつけだった。

警察庁は２００６年、当時では最新なものとして世界的にも普及していた「アイデンティファイラー」と呼ばれるＳＴＲ法が可能な市販検査キット（ＡＢＩ社製）と、それを実施できる機器の配備を行ない、正式な鑑定方法として採用した。アイデンティファイラーは、常染色体にある15部位を一度に検査できることに加えて、性染色体にあるアメロゲニン遺伝子［ＸとＹ染色体に異なる長さで存在し、性別判定に応用できる部位。歯のエナメル質形成に関与する］を判定する検査も含まれている。ＤＮＡ鑑定においては第三世代の個人識別用キットだ。

ただし、新鮮で豊富な試料を用いた個人識別はアイデンティファイラーで十分であろうが、刑事事件における微量かつ壊れたＤＮＡ試料の場合には十分に判定できないケースが少なくない。むしろ、古くなった、あるいは科警研の言葉を借りるならば《極微量のＤＮＡ試料》で低分子化がどこまで進行しているか、変性（劣化）がどうなのか不明な場合、このキットではＤＮＡの量や質によっては判定不能となるばかりか、誤判定になるおそれも秘めている。こういう場合こそ、キットを超えた鑑定技術が求められる。

その困難をクリアするためには、足利事件でいえば、たくさんの部位を一度に検査するのではなく一カ所ずつそれぞれに最適な試薬を用い、最善の条件を設定して丁寧に検査する方がよい。反応が一カ所に集中するためＰＣＲがかかりやすく、型判定にも誤りがなくなるからだ。ＭＣＴ１１８法はＤＮＡの一部位のみの検査であり、本田はＹ-ＳＴＲ法でも一部位ずつていねいに検査していた。市販されている試薬を使う手法を「オートメーション」というなら、本田のような手法は「マニュアル・カスタマイズ法」といえる。生物学の実験室では一般的に行なわれているＤＮＡ実験法でもある。この方法で鑑定実績を上げてきたのが本田だった。アイデンティファイラー等のマルチローカス法［多部位同時検出用］

のキットを販売するメーカーに、マーカーの狂いによる適用の限界や誤判定の可能性を指摘したこともある。研究に研究を重ねた結果、キットは鑑定が易《やさ》しい試料には向いているが、難しい試料に適用できない場合があるのを本田は熟知していた。

2008年11月14日、弁護団は意見書を東京高裁に提出した。MCT118法の他にミトコンドリア法やSTR法など、多数の部位を確実な方法で検査することによって鑑定の精度と特異性をバランスよく上げることが再鑑定の意義である、と反論したのだ。

東京高裁

検察側の意見書によって裁判所も〝踏み絵〟が用意された格好になった。検察は意見書の中で飯塚事件を引き合いに出していた。なぜ他の事件の裁判を意見書で引用するのか、そのこと自体も大変に不自然であった。実はここにトリックが仕掛けられていたのだ。足利事件に関してこれまで、旧マーカーによる16‐26型は、新マーカーでは18‐30型であると証言してきた。ところが、18‐29型にも対応するという拡大解釈の〝根拠〟を意見書で挙げたのだ。

1992年、福岡県飯塚市で女児2人が殺害される事件が起きた。犯人とされた男性は再審請求中の２００８年10月28日、死刑を執行された。検察が足利事件の再鑑定に《あえて反対するものではない》という意見書を提出してから約２週間後のことだ。二つの事件は科警研が全く同じ方法でＤＮＡ鑑定をした。足利事件で再鑑定が決まりかけた時、飯塚事件では再審への道を閉ざすかのように死刑が執行されたのだ。

科警研は飯塚事件の被告人を16－26型と判定し、犯人の証拠とされた。控訴審では、科警研の笠井技官や坂井技官が証人尋問で法廷に立ち、旧マーカーの16は新マーカーの18に該当し、同様に26は29、30、31の３つの型に対応すると証言した。福岡高裁はこの型の対応を２００１年10月10日の判決で認めた。それゆえに、足利事件抗告審の新証拠（押田鑑定で判定した18－29型）にも対応できるので、ＭＣＴ１１８部位の鑑定を行なうのは《まったく無意味であるばかりか、有害である》と検察は意見書に記した。

足利事件の再鑑定で冤罪が判明すると、飯塚事件の確定審で誤判した裁判所は検察と共犯ともいえる関係にある――検察が意見書でこの事件を引き合いに出したのは、裁判所をも脅しているともいえる。足利事件で真実の型を明らかにしてしまえば、足利事件の前後に同じようにＭＣＴ１１８法による型判定を証拠として有罪にした複数の判決にも影響があることを示唆している、とも受け止められる。

検察、弁護側双方の意見が真っ二つに割れているなかで、再審請求審の抗告審を仕切る東京高裁（田中康郎裁判長）の役割は重要だった。鑑定について高裁なりの一定のルールを決めておかないと、菅家さんの無実を懸けた再鑑定そのものが混乱する。

高裁がどう出てくるか、弁護団は注目していた。検察も、裁判所の判断であれば〃あえて反対しない〃という立場だ。高裁が再鑑定実施を決めることは九分九厘、間違いないだろう。だが、弁護団にとって問題は鑑定のルールだった。

鑑定人は1人か、複数か。どのような方法で鑑定をするのか。弁護団にとって、まずこの2点が重要だった。菅家さんの鑑定試料は、収監されている刑務所で口腔内粘膜か血液を必要な分量採取することができる。しかし、真実ちゃんの肌着は1枚しかない。鑑定人が1人なら問題はないが、複数鑑定になると、どのように切り分けて分配するのか。

《主文　次の鑑定事項について鑑定を行う。次の二つの試料のＤＮＡ型を明らかにし、二つの試料が同一人に由来するか否かを判定すること。①自治医科大学法医学教室岩本禎彦が保管中の半袖下着に付着する遺留精液②申立人（請求人）の身体から採取するＤＮＡ型判定に適する試料》

12月24日、東京高裁は国内初となるＤＮＡ再鑑定の実施を決定した。鑑定人には《次の2名を選任する》として、鈴木教授と本田の名前を挙げ、尋問を翌２００９年1月23日午後2時、自治医科大学において行なう旨が記されていた。2日後には本田のもとに、再鑑定嘱託のための「鑑定人尋問召喚状」が届いた。

鑑定嘱託の内容を知った本田は、これならいかなる方法もとっていいはずと胸をなでおろした。検察、弁護側が意見書で論争した鑑定方法については何も明記されておらず、試料と目的のみを記載した単純なものだったからだ。しかし今後、裁判所が鑑定方法を検討し詳細を決める可能性もある。推薦された鑑定人も弁護人も、予断を許さなかった。

（注1）裁判は当事者が主導権を握る「当事者主義」が基本だが、当事者だけでは折り合いがつかない場合に、訴訟を円滑に進め審理を全うするためになされる裁判長の行為。

（注2）被告人、容疑者などが遺留した物、または所有者・所持者・管理者が任意に提出した物を、裁判所や捜査機関が取得し管理下に置くこと。

（注3）１９７０～80年代にかけて、朝鮮民主主義人民共和国（北朝鮮）の工作員などによって多数の日本人が北朝鮮に拉致された。その被害者の一人が横田めぐみさん。

第6章　再鑑定

電話

以後、水面下で鑑定手続が進められていった。これは通常の鑑定では例のないことだった。年が明けた1月7日頃のことだ。本田の自宅に1通の封書が郵送された。送り主は東京高裁の岡田博子書記官だった。怪訝《けげん》に思いながら封を開けると、科警研が実施した91年11月25日付の古い科警研鑑定書（以下、旧鑑定書）が出てきた。

なぜ鑑定人の承諾なく突然に、その目的の説明もなく旧鑑定書を送ってきたのか、本田には理解できなかった。十数年を経てようやく、その内容の真偽を検証するようになったものだ。鑑定尋問の際、再鑑定の目的を説明した後、初めて鑑定人に出すべきはずのものだ。再鑑定の前に裁判所は何かに動かされているのではないか。そう感じながら旧鑑定書をめくった本田は、添付された写真を見て驚いた。MCT118部位のバンドが大きく歪んでいるばかりか、肉眼では見えづらい上位バンドにわざわざ赤点が付けられている。こんなものが証拠として認定されたのか――。

3日後、「科警研の鑑定書はご覧になりましたか」と、岡田書記官が本田の携帯に電話をかけてきた。

科警研の結果に逆らわず先入見を持ってやれということなのかと感じていた本田はいささかムッとしつつ、「まだ詳しくは見ていませんが」と答えた。岡田書記官はそれ以上は言及せず「試料の分け方について細かい取り決めをしたいのですが」と別の話題を振った。

「どういうことですか」

「鈴木先生にも電話しましたが、『試料の取り方は裁判所が決めればいいので、鑑定人に聞くのはおかしい』と反発されました。鑑定に使える箇所が非常に限定している事情を説明したところ、旧鑑定で使った穴の開いた部分の周囲をわずかに切り取り、シャツの下端部を対象として取ってはどうか、ということを提案されました。そういう方法でどうでしょうか。鈴木案をファックスで送ります」

ファックスを見て、本田はすぐに岡田書記官に折り返した。

「旧鑑定で使った部分の周囲が試料として適切であるかどうか分からないし、なぜ、たったそれだけの小さな試料しか分けないのですか。試料をできるだけ残して、再々鑑定を行なう予定でもあるのですか」

「そういう予定はありません」

「このような小部分では、正しく鑑定できるかどうか分かりません。できる限り多くの部分から鑑定したい。実際に試料を見てから決めるのではだめですか」

「当日、現場であたふためては困るので、ある程度は決めておきたいのです。とりあえず、シャツを切るのは鈴木先生にお任せしてよいですか」

なぜ鈴木教授を優先するのだろうという印象を本田は持った。両鑑定人は本来、平等な立場であるはずだ。本田は苦肉の策として提案した。

「鈴木先生のみに有利な配分では困りますし、鑑定を成功させたいなら、何にせよ物理的に半分にするのが一番公平だと思います。公平性が保たれるようにこうしましょう。鈴木先生にどちらを取っても公平と思われるようにシャツを等分してもらいます。どちらを取るかの選択権は私が最初です。この方法なら、鈴木先生も同意されると思いますが」

「分かりました。それでよいかどうか、鈴木先生に相談してみます」そう言って書記官は電話を切ったが、本田は改めて奇妙な感覚にとらわれた。

旧鑑定が誤っていたかどうかを鑑定するのに、なぜ旧鑑定に依拠した試料の取り方をするのか。それも、ほんのわずかな部分しか取らないとはどういう了見だ。こういう提案は、古い試料を鑑定することの難しさを知らない者が考えることだ。試料をどう分ければ最適か、それは専門家しか分からない。今の電話の内容は裁判官の職権を超えている。鈴木教授も不満を持っているというのが本当だとすれば、旧鑑定に関わった〝自称専門家〟の誰かが後ろで助言しているのではないか……。それは果たして誰なのか。

再鑑定の嘱託を受けたばかりにもかかわらずあまりにも細かい裁判所の介入に、前途多難を予想させる鑑定への不安が頭をもたげた。

鑑定人尋問

1月23日金曜日の午後、鑑定人尋問に出頭するため、本田は栃木県下野市へ向かった。自治医科大学では岩本教授の立会いのもとに田中裁判長と岡田書記官、検察官と弁護人が各2人、そして本田、鈴木鑑定人が顔を揃えた。本田が部屋に入ると、法廷のようにコの字型に机が配置されていた。本田の席の隣には、鈴木教授が腰をおろしていた。

「お久しぶりです」本田が声をかけ、2人で少し雑談をしていると、検察官が席を立ち名刺を持って挨拶に来た。本田もそれに応えた。

「みなさんお揃いですか」田中裁判長が声をかけた後、鑑定嘱託書が配られた。それから、「何か質問はありますか」と2人の鑑定人は聞かれた。

「鑑定嘱託事項に『遺留精液付着下着』とありますが、この肌着には精液が付着していることを前提にしていいのですか。それとも、それを確かめる必要がありますか」鈴木教授が尋ねると、「前提にして結構です」と田中裁判長は応じた。

肌着の分配になった。半紙くらいの大きさのビニール袋から、畳まれた肌着が取り出された。鈴木教授は滅菌ハサミを手にし、穴のところが半分になるように肌着を切った。切り分けた肌着はそれぞれ、トレーの上に広げて置かれた。

「それでは、私から取ります」

まず、本田が左側を取った。一瞬だが、肌着を見た時に左側の方が小さな薄い緑色をしたコケのようなものが生えている量が多いことに気が付いたからだ。精液にはタンパク質、糖分、カルシウムやカリウム、マグネシウムなど多くの栄養素が含まれており、コケやカビが生えやすい。残りの右側を鈴木教授が受け取った。

「鑑定までにどれくらい必要ですか。鈴木先生は、最低3カ月は要るということですが」田中裁判長の問いに、「やってみなければ分かりません。もう少し余裕がほしいところですが、できないというわけではありません」と本田は答えた。

「ではとりあえず、鑑定書提出は4月末を目処《めど》にということでお願いします」

少し短すぎると思ったが、鈴木教授は了解している。本田は仕方なく、「それを目標にやってみます」と応じた。

「それでは、お互いに連絡を取り合いながら鑑定をやってください」

思いもかけない田中裁判長の言葉に驚いた本田は返答できなかったが、それまで黙っていた鈴木教授が口を開いた。

「分かりました。でも、使う機器も方法も同じはずなので、結果も同じですわ。それしかありませんからね」

鈴木教授の発言は、検察の意見書にあった縛り（市販の試薬を用いたSTR鑑定のみ）とも受け取れた。そう告げた鈴木教授の意図を本田は測りかねた。鑑定方法は決まっていないのに〝使う機器も方法も同じ〟となぜ言えるのか。田中裁判長と鈴木教授とのやり取りにも違和感を感じた。〝連絡を取り合いながら〟とはどういうことか。相談しながらやることになると、鑑定の独立性と中立性がなくなるのではないか。

少なくともこちらから先に鈴木教授に連絡を取ることはやめよう、と本田は決意した。

その時、佐藤弁護士が確認するように、「MCT118法だけはぜひやってほしい。少なくとも菅家さんだけでもいいですが。できても、できなくても」と2人の鑑定人に求めた。

「分かりました。できる限りのことはやってみます」

本田はそう応じたが、鈴木教授は黙って下を向いていた。田中裁判長と検察官からは反論が出なかった。その様子に、おそらく鈴木教授はMCT118法をするつもりはないだろう、と考えた。セットアップなしにいきなり行なうには難しい検査だし、今はもう研究価値もない。検察官も意見書では反対していたが、この鑑定人尋問では否定しなかった。行なってもよいということだろう。

次の課題は、再鑑定の請求人である菅家さんの試料をどう採取するかだった。

「血液採取となれば、医師に頼まなくてはいけなくなる。刑務所の医務官に引き受けてもらえるか、仮にそうだとしてやってもらっていいのか……。頭が痛い」

田中裁判長がそう言うと、鈴木教授は口腔粘膜で十分であると強調した。そして、「これは定評があります」と言い、厚労省で使っているキットを鞄から取り出した。

「なぜ鑑定人立会いで血液を採らないのですか。これまで、それ以外の方法で行なったことはないのですが」。逸る鈴木教授を抑え、本田は提案した。

「そういえば、本田先生は医師でしたね。先生方は忙しいと思ったので……。試料採取は29日に決まっていますが、ご都合はいかがですか」

日程を確認したところ鈴木教授は無理だったが、本田は「何とかできます」と答えた。

「では、本田先生に採血をお願いしましょうか。それなら問題はなくなると思いますが」岡田書記官の提案に「それでいいですか」と本田が尋ねると、鈴木教授は承諾した。

その後、それぞれ試料を持ち帰ることになり帰り支度をしていた時のことだ。鈴木教授が言いにくそうに、「実は、私はこの後、少し寄るところがあって。それで、月曜日まで大阪には帰らない予定なのです」と声を出した。

「では、来週早々に大阪に私が直接、届けます」。岡田書記官が間髪を入れず応じた。鈴木教授は黙って試料を預けた。その様子に、鈴木教授と岡田書記官の間で打合せ済みなのかという印象を本田は持った。鈴木教授が顔色一つ変えなかったのが印象に残ったのだ。

こんな大事な鑑定試料の採取後に、何の用事があって、いったいどこに寄るのだろうか。重要な試料をなぜ自分で持ち帰らないのか。鑑定人としての義務感に欠けているのではないかと本田は感じた。もし試料がすり替えられたらどうするのか。それでなくても、鈴木教授を鑑定人に推薦したのは科警研の所長と聞いている。まさか、福島所長と打合せをするということはないだろうけれども、用事があるなら出直せばよいのに。出張旅費は裁判所から出ているはずだ。重大事件の再鑑定をするというのに、いったん試料を持ち帰らないなんて、疑惑を招く行為は慎むべきではないか……。腑に落ちなかった。

その後、鑑定試料を大学に持ち帰った本田は直ちに白衣に着替え、実体顕微鏡で観察した。比較的低倍率のこの顕微鏡で試料を見たところ、変色部分にコケのようなものを確認したが、精子は見えなかった。

事件の性質上、機密性を保持するために実験は1人で、大学から人がいなくなる深夜や休日に行なうことにした。パソコンに保存したデータのファイルは、本田しか開けないようにパスワードをかけた。学生なども実験している機器に保存された泳動チャート（注1）は分散させ、それと分からないように保存することにした。

まず、増幅感度（注2）が高いYファイラー［Y染色体上のSTR16部位を組み合わせたキット。男性の型のみ検出できる］でバンドが出なければ検査は難しいと考え、予備的に検査したところ、1回の検査ですでに増幅バンドが確認できた。試料は意外に保存性がいい、これなら鑑定ができるはず——本田は本鑑定に期待を抱いた。

千葉刑務所

1月29日、本田はつくば市の自宅を出て千葉刑務所に向かっていた。前日の雨の名残か曇り空が続き、ただでさえ寒々しい冬の一日に拍車をかけていた。

本田は前夜から40度を超える熱が出ていた。朝も立っていられないほどだった。しかし、重大事件の鑑定である。身体を引きずってでも行かなければならないし、試料をなるべく早く研究室に持って帰りたい。車で行きたいが、この熱では運転などできそうにない——ためらいつつ妻に頼むと、事情を問うこともなく仕事を休んでくれた。

助手席のシートを倒し、ぐったりと横たわった。こんな状態で採血できるのか——不安が脳裏をかすめた。裁判官や検察、弁護士も立ち会う。採血もうまくできないような鑑定人では、信用性が危ぶまれるかもしれない。

車は渋滞をいくつかくぐり抜け、約3時間かけて千葉刑務所に着いた。千葉市郊外ではあるが、民家に囲まれた一角だ。こんなところに刑務所があるのか——本田はたいへん奇異に思った。採血は1回で成功させなければならない。気力を振り絞って車から降りた。

歯を食いしばり、背筋を伸ばして歩いた。刑務所の門に近づくにつれ、鑑定手続きがやっとここまできたことへの感慨がわいてきた。しかしそれも、刑務所の門を見て吹っ飛んだ。あの世のものかと見紛うばかりに崇高な建物だった。こんな華麗な門をくぐって現世と隔離されるのかと思うとぞっとした。そして、これから会う人はこの門の向こうにいる。

本田は「鑑定人として来た」と守衛に告げ、入口で署名をした。渡された首掛けを着け、案内されるまま広場を抜けて刑務所に入った。曲がりくねった廊下は先が見通せず、窓もない。50メートルくらい歩くと、鍵を開けて出入りするシャッターがあった。

それをくぐり、面会室のような小さな部屋に通された。机がコの字型に配置され、裁判官と検察官、弁護士がすでに椅子に座っていた。本田は机の端に立ち、汚染防止のために用意してきた術衣に着替え、キャップとマスクを身に着けた。採血器を準備して待っているとドアが開き、刑務官に連れられた人物が入ってきた。

この人が菅家さん——テレビで繰り返し報道された若かりし頃の菅家さんとは、別人のように老けている。長年の刑務所生活のためかひどくやつれ、気の弱そうな老人としか本田の目には映らなかった。

逮捕時の悔しそうに苦虫を噛みつぶした表情で警察官に連れられた顔をテレビで見るたびに感じた不自然さが、本田の心によみがえってきた。本当にこの人があのような残酷な事件を起こしたのだろうかという思いが湧いたが直ちに打ち消し、鑑定人には先入見は禁物だ、と自分に言い聞かせた。

「DNA再鑑定を実施する予定ですが、そのための採血に同意しますか」

裁判官が説明すると、菅家さんは笑顔で大きくうなずいた。喜びをあらわにした様子が本田にはわかった。無邪気に喜ぶその顔を見て、もしかしたら弁護人たちが言うように本当に犯人ではないのかという思いがよぎったが、すぐに暗い気持ちになった。

弁護団からは菅家さんが無罪であるという説明を受けてきたが、もしも自分の鑑定で犯人のDNA型と一致する結果が出れば、弁護団のみならず、この人を本当の地獄に突き落としてしまうのかもしれない。本田の経験では、望むと望まざるとにかかわらず、これまで検察が期待した通りの結果になっていたからである。

かわいそうであるが、今度もたぶんそうなるだろう。でも、それが真実なら仕方ないではないか。誰かがこれをやらなければならないし、私はそれを引き受けた。またそれが、法医学者としての私の仕事ではないか——。

複雑な思いを抱きながら、本田は菅家さんを椅子に座らせてその細い腕をとり、「今から採血します」と言って注射針を刺した。

「写真を撮ってもいいですか」。佐藤弁護士は裁判官の了解を得てカメラのシャッターを切り、その様子を写した。

血管を刺す手応えがあり、注射器を引くと赤い血が静かに注射器内に流れ込んだ。採っ

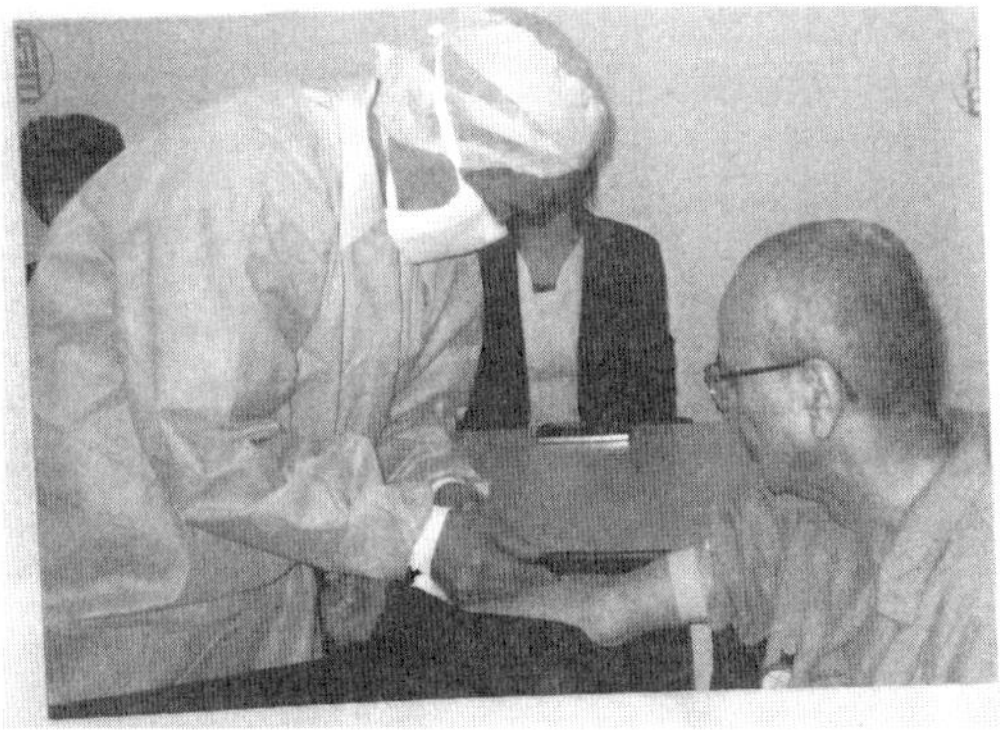

採血をする本田（左）と菅家さん。

た血液は2本の試験管に丁寧に移した。それから口を開けてもらい、頬の内側に綿棒を入れて口腔粘膜を採取した。採血などが無事に終わったのでほっとしたのか、裁判官と検察官、弁護士は笑顔で談笑していた。

「試料は私が鈴木先生のところまで責任を持って届けます」と岡田書記官が言うので、本田は鈴木教授の分として取り分けた血液と口腔粘膜のついた綿棒の半分を氷の入ったケースに入れて密封し、書記官に渡した。

帰り際、窓のない曲がりくねった廊下を歩きながら、本田は思った。この建物の中には自由はない。生活しているとしても、死んでいるのと同然だ。無期懲役が死ぬまでここにいることを意味するのであれば、それは、生きているといえるのだろうか。

菅家さんはここで、どんな思いで過ごしてきたのか……。

本田は頭を振った。鑑定に同情は禁物だ。もう考えないようにしようと自分を戒めた。

刑務所の門を出ると、妻の携帯に電話をかけ迎えに来てもらった。車のドアを開けて「無事に終わった」と告げると、妻は笑顔でうなずいた。シートに身を置くと緊張の糸が切れ、ぐったりとなった。高熱はまだ続いており、ふらふらしていた。

その後、車の中でどうしていたのか覚えていない。おそらく死んだように眠っていたのだろう。気がつくと大学に着いていた。車を大学につけてもらい、試料を冷蔵庫に保管した。明日さっそく検査をやってみようと決めた。

MCT118不一致

翌日、まだ熱はあったが本田は早朝から大学に行き検査を始めた。早く結果を知りたかったのだ。血液と口腔粘膜からDNAを抽出してYファイラーを行ない、6日前に検査済みの肌着由来の精液との比較を息をのんで行なった。その後は、今では再現が難しいとされるMCT118法による結果の確定だ。そうすればこの再鑑定の重要な目的はクリアできると思い、実験を続けた。

数時間後、コンピュータの画面に電気泳動図が表示された。その結果を精液の結果と突き合わせた。

バンドがずれている——目にした瞬間、本田に戦慄が走った。菅家さんの試料から検出したDNA型は、肌着遺留精液といくつも異なっていた。もしかしたら、菅家さんは本当に無実なのか。驚くべき結果に驚愕した。

電気泳動法を組み込んだ最新の機器でMCT118法を行なったのだ。極めて高感度の機器で、小さなバンドも確実に拾い上げる。その結果、菅家さんの試料からは18－29型が出た。押田鑑定と同じ数値だ。一方、肌着の試料からは18型の他に、やや低いバンド「24型」を認めた。科警研の結果によるのであれば18－29型のはずだが、28～30の付近にバンドは見られなかった。増幅条件を変えて挑戦しても18と24の位置にしかバンドが出なかった。28～30付近には、ノイズやベースラインの乱れがあるだけだった。

肌着遺留精液のDNAに18型があることは、ほぼ疑う余地がない。しかし24型バンドはピークが低い。MCT118法には、高分子のバンドと低分子のバンドとのピークバランスが悪いという大きな欠陥があった。前者が出にくいのである。また、「非特異的バンド」という、本来は出てはならない位置にバンドが増幅される欠陥も抱えている。科警研は飯塚事件のＤＮＡ鑑定で、非特異的バンドを正しいバンドと読み間違えるミスを犯していたことも、本田は後で知った。科警研の技官らが設定したプライマーと温度条件が適切ではなかった可能性が高い。おそらくは実験で確かめたというより、計算で設定した観念的な条件でＰＣＲを設定したことが誤ちの要因だろうと本田は考えていた。

ともかく、旧鑑定にはない24型が出た。菅家さんが犯人ならありえないし、29型がないことも不自然だ。ＭＣＴ１１８法の欠陥を熟知していた本田は、さらに慎重に実験した。汚染がないように試薬系を全部変える。プライマー位置に変異があると遺伝子の脱落《アレル・ドロップアウト》が起こりうるので、プライマーを変えてみる。また、出ているバンドが本当にＭＣＴ１１８部位なのかどうか確かめるために、ＤＮＡの塩基配列をすべて明らかにする「ダイレクトシークエンス」を行なった。それでも結果は変わらない。

次に、肌着の試料をさらに範囲を拡大して採ってみた。絞り出すように2回に分けて抽出したが結果は同じで、菅家さんと共通の29型はなかった。ややピークは低く不安定であるが、ヘテロ接合体［両親から貰った二つの遺伝子が異なった組み合わせ］とすれば18－X型と判定される。最も可能性が高いのは18－24型だ。ホモ接合体［両親から貰った遺伝子が同じ組み合わせ］とすれば、バンドが高い18－18型になる。

本田の実験は数百回を超えた。しかし、何度実験をしても、肌着の遺留精液からは菅家さんと同じ上位バンドの29型は全く検出されなかった。その代わりに24型のバンドが多く検出されたが、これとてMCT118法が抱えている欠陥のため、確実に24型であると断言することはできなかった。

本田は結果を整理してみた。菅家さんは18－29型、肌着の精液は18－24型か18－18型以外は考えにくい。あるいは、古い試料であるがゆえに29型以上の高分子のバンドを持っていても、DNAが壊れているため増幅されなかった可能性も否定できない。いずれにしても、両者が一致したという旧鑑定を完全に否定できる。もちろん、科警研が論文で修正した16－26型が18－30型であるという読み替えも誤りだ。また、飯塚事件の鑑定人の証言を引用した18－29型にも対応するという拡大解釈も間違っている。つまり、旧鑑定とその後の訂正は全て誤っていた。肌着の遺留精液が菅家さん由来ではないことは明白だ。18－18型、18－24型、18－31型以上の非増幅の型……真犯人の型は、この三つの可能性しか残されていない。本田はこのように小括した。

次に、肌着遺留精液のYファイラーを行なってみた。Y染色体由来のバンドが出ていることから、男性由来のDNAを含んでいることは明らかだ。また、何度繰り返してもバンド位置の大きなずれはなく、精液は同一人物に由来すると考えられる。しかもその型は、菅家さんの型とはいくつも異なっている。

最高裁で確定判決がなされ、再審請求は却下され、17年も懲役刑に付されている人が無実なんて……。本田は鑑定を重ねた。やればやるほど、菅家さんと肌着の試料との違いは明瞭になった。常染色体STR法も行なったが、やはり結果は異なっていた。

ただし、この方法は女性のDNAも検出する。被害者の真実ちゃんや家族のDNAを拾う可能性がある常染色体STR法の検査結果は、鑑定書へ記載しない方がよいかもしれないと思った。とはいえ、結論としてMCT118法、常染色体およびY染色体STR法の全ての結果が、菅家さんと遺留精液とのDNA型が異なることを示していた。

本田は次にやるべきことを考えた。正確な型判定をするには、Y染色体の量が最も多い部分がよい。それを探すため定量PCRを行なった結果、肌着のやや深部が最も適していることが判明した。表面には、女性細胞由来のDNAもわずかに混入していることもわかった。真実ちゃんのものだろう。常染色体STR検査結果を全面的に使用するのはやはり危険だ。一方、Yファイラーは型判定には影響はない。性犯罪では大きな力を発揮する、Y-STR法の威力を、本田は再確認した。

後日談だが、肌着から抽出したDNAには女性細胞由来もわずかに混入していることを鑑定書に記載したところ、それから数日も経たないうちに新聞各社は〝弁護側には女性由来のＤＮＡが混入している〟と、特ダネであるかのようにスクープした。弁護側のＤＮＡ鑑定が誤っているかのような報道だった。混入は当たり前のことなのにと本田は呆れたが、これも本田鑑定潰しを謀《はか》る検察、科警研の指摘を記者が鵜呑みにした結果であろう。このような本田へのバッシングは、それから延々と繰り返されることになる。

教えあった鑑定データ

3月10日頃だろうか。研究室の電話が鳴った。受話器を取ると、鈴木教授からだった。2人が話をするのは、1月に自治医科大学で会って以来のことだった。

「実験は進みましたか」取るものも取りあえずといった雰囲気で、鈴木教授が尋ねた。

「まだ確かめている段階ですが」本田はとっさに返事をしてしまった。「先生はどうですか」

「結果は出ました」

これ以上は聞かない方がよいだろうと思った本田が黙っていると、鈴木教授が興奮したように「大変なことに、結果は違っとるよ。ＳＴＲのほとんどで」と、受話器越しにも大きな声で鑑定結果を躊躇《ちゅうちょ》なく伝えた。

「やはりそうですか。大変なことになりましたね」言葉を選びつつ本田が慎重に答えると、「ＳＥ33［6番染色体に位置するＳＴＲ］の検査もやったけれども、それも明らかに違っている」と鈴木教授は話し始めた。

「私の場合は今のところ、Ｙファイラーで多くが違っています。また、アイデンティファイラーでも違っているようです。ＭＣＴ118法でも違っているみたいですが」

「うちは、それはやってないから……。けれどもミニファイラー［ＰＣＲ増幅断片が小さくなるように設定された個人識別用キット］でも違う」

「分かりました。今後、重大な問題になりそうなので慎重に、くれぐれも外部に情報が漏れないように内密にやりましょう」釘を刺して本田は話を打ち切った。鈴木教授はなぜか無言になり、そのまま電話を切った。

法廷で明らかにする前に事実がメディアにでも漏れ、噂だけが一人歩きしてしまったら、信用性が失われる。また、検察や科警研が鑑定書送付前に圧力をかけ、鈴木教授が鑑定結果を隠そうとしたら大変なことになる――それが、「内密にやりましょう」という言葉に込めたメッセージだった。

電話を終えた本田は、相手の胸中を慮《おもんぱか》った。重要な秘密を一人で抱え込むのはあまりにも苦しく、耐え難い。できれば誰かに打ち明け、この思いを共有してもらいたい。鈴木教授も信じられない事実を目の当たりにして、思わず電話をしてきたのだろう。とすれば、他の人にも電話しているのでは、という不安がよぎった。

本田も、せめて弁護団には伝えたいと思った。だが、それはしてはならないことだ。抱えた思いに蓋をして、裁判所に鑑定書を提出して公になるまで一人で耐える覚悟をした。

しかし、鈴木教授はどうだろうか。検察官、特に科警研所長とは交流が深い。連絡して指示を仰ぐかもしれない……一瞬不安が頭をもたげたが、正義感の強い人だからそんなことはないはず、と打ち消した。鈴木教授がこの後、科警研にこの件を報告しても、「どうして違っていることを本田に伝えたのだ、向こうが安心するだけではないか」と叱責されるだけだ。このことは秘密にしておくに違いない、と一人納得した。

それから10日ほど経った頃、鈴木教授から「連絡をもらいたい」とファックスが届いたが、「型判定に少し時間がかかっている」と返事を送り返した。肌着についた精子のＤＮＡ型は真犯人逮捕の時に照合する可能性がある。できるかぎり慎重に行ないたかった。

その月末、本田が研究室に戻ると、鈴木教授からファックスが2枚届いていた。何かと思ってみると、鑑定データだった。

こんな大事なデータを事前に連絡もなくいきなり送ってくるなんて無神経すぎないか、と本田は眉をひそめた。足利事件の再鑑定を行なっていることを、本田は大学内でも極秘にしていた。鑑定データも試料も、機密性を保持すべく管理していたのだ。

鈴木教授の杜撰《ずさん》とも思えるやり方に少々閉口しながら、本田はファックスを見た。試料が古いため、鈴木教授はY染色体・常染色体ＳＴＲの全ての部位の型判定を出していた。部位によっては型が不明になるものがあるにもかかわらず、あまりにもきれいに結果が出過ぎていることに本田は驚いた。

本田が行なったＹファイラーで結果が出ているものは、鈴木教授のデータとほぼ一致している。やはり真犯人のＤＮＡである可能性が高い。しかし、本田の実験では高分子の型は検出できなかったものもある。鈴木教授はまた、常染色体ＳＴＲで通常は増幅されにくいはずの高分子の型も判定し過ぎていた。少しやり過ぎではないか、もっと再現実験を行なうべきではないかと本田が心配していると、電話が鳴った。

「ファックスを見てもらえましたか」

鈴木教授からだった。本田はとりあえず、一致している型についてこう話した。

「見ました。ここまでよく出されましたね。Yファイラーでいえば、私が確認できた型とすべて一致しています。結果はOKです。しかし、常染色体とY染色体STRの一部の検査は自信がありません。私はSE33部位の検査はやっていませんが、MCT118部位はやりました」

「うちはMCT118部位の検査はやっていない。結果はどうでしたか」

内心、教えたくないなと思いながらも、「菅家さんは18‐29型、肌着は18‐24型だと思います」と本田は答えた。

「そうですか。うちはやっていないので」こう言った後、鈴木教授は黙りこんだ。

キットの欠陥

鈴木教授の鑑定結果も、菅家さんの型とは全く一致していなかった。しかしYファイラー以外、特に常染色体STRの型は本田といくつか違っていた。この違いは女性由来DNAの混入によることも考えられ、鈴木教授には次のように伝えることにした。

「アイデンティファイラーについては型がうまく決まらないので自信がなく、出す予定はありません。鈴木先生の方で自信があるなら出しても構いませんが、たくさんの部位の型判定を出し過ぎるのはどうでしょうか。ＤＹＳ３９３［Ｙ染色体ＳＴＲの部位の一つ］は、先生の結果で正しいですか。菅家さんのＤＹＳ３９３は『18』という世界的にも稀な型が出ているので重要と思うのですが。サイズが小さい型のせいか、こちらではやや泳動誤差があり、値が少し変動するのです」

ＤＹＳ３９３部位の18型は日本人でも非常に珍しく、その判定結果一つで鑑定が決まると言っても過言ではないと本田は考えていた。鑑定結果を照合し合うのなら鈴木教授にはそこを皮切りにして自身で再検証してもらいたいと期待し、粘り強く確認したのだ。

「あれでいいよ」しかし、鈴木教授はこう言い切って本田の話に乗らなかった。後で考えれば、鈴木教授は部下を説得してまで再実験をやらせる自信がなかったのかもしれない。

「……そうですか。それにしても、結果を少し出し過ぎていませんか。確認実験の繰り返しが必要かと思うのですが。私の場合は、多数の繰り返し実験で値が少しずつ変動します。先生に自信があるのならそれでよいのですが」

「こちらは確かだから」

鈴木教授は1～2回の実験で自信を持っているが、数値しか見ていないのではないかと思った。これも事実が判明した後でのことだが、助手に実験させていたとなると、データの出方の不確実性に対する認識が、この時の鈴木教授にはなかったのかもしれない。

Ｙファイラー以外の結果が鈴木鑑定とは明白に異なることに戸惑いながらも、この時は相手の結果を信頼し、その後も何度か鑑定を繰り返した。しかし、やはり両者の違いは解消できなかった。そのうちに、本田は次のような考えに至った。

検察や鈴木教授が絶賛して使用する市販キットだが、鑑定の信頼を覆す重大なマーカーの欠陥を知らないのではないか、と。キットに含まれる「ＧＳ５００」というマーカーには、最も大事な「２５０」のサイズに狂いがあった。メーカーの担当者からは、２５０のバンドを判定に使用しないように指示されていた。しかし、欠陥品の販売というメーカーのミスであるにもかかわらず、正式な通達文書はなかった。

しかし、「２５０」を除いたら、最も大事な部分でマーカーの間隔が大きく飛んでしまい、型判定に狂いが生じる。特にこれは、「ジェネティックアナライザー３１０」（以下、３１０機器）という機器を用いる時に致命的となる。この機器はキャピラリー［直径１ミリメートル以下の細毛管］による１検体ずつの電気泳動であるため、複数キャピラリーの同時泳動では可能なアレリックラダーによる補正をかけることができないためだ。本田が使った機器は複数キャピラリーで、この欠陥を回避できた。

鈴木鑑定に読み取りエラーがいくつか生じている可能性を本田は考えた。ＭＣＴ１１８法におけるポリアクリルアミドゲル電気泳動の１２３ラダーの問題は、本質的にキャピラリー電気泳動にも発生している。ただし、これは誤差が小さいため通常は無視できる。電気泳動における泳動速度は、ＤＮＡのサイズだけに依存しているのではないのだ。誤差がある限界を超えた時、常に型判定を誤る可能性がある。

これは同時に、真犯人を突き止める場合にも影響する重大な問題だった。鈴木教授がこのことを理解していなければ、真実は同一の型であるのに、２人の鑑定人の結果が〝不一致〟のために真犯人を特定できなくなる。

メーカーはこの欠陥を糊塗すべく、再鑑定が始まる前年の２００８年、後発としてＧＳ５００のバグを改良した「６００ＬＩＺ」を販売していた。カタログにはさりげなく1行、「サイズスタンダードを変更するとサイズの算出値が変わることがありますのでご注意ください」と記載されていた。ＰＣＲ増幅したＤＮＡバンドのサイズはいかなるものでも絶対的な量を持っているので、サイズの算出値がマーカーによって変わるはずがないし、変わってよいはずがない。かつてポリアクリルアミドゲルによる電気泳動によって１２３ラダーで起きたのと同じ現象が繰り返されていた。本田はこの一文に、足利事件の亡霊が再び蘇ったような恐怖を覚えた。

ＧＳ５００と６００ＬＩＺでは、特に低分子のサイズのものが少し異なって判定される現象が起きることを、本田は自らの実験で掴んでいた。鈴木教授は旧マーカーと３１０機器を使って鑑定していたはずだ。さらにいえば、科捜研も最初は３１０機器を使って鑑定していたが、その後は使用されなくなった。機器やマーカーを変更する以前に行なわれた鑑定は、型判定を誤っている可能性を否定できない。検査を正しく行なっていたとしても、用いる機器やマーカーなどの違いから同じ部位でも値が何カ所か異なるという、あってはならない現象が起き続けていたのではないか。

今回の鑑定に誤りが含まれていたとしてもそれは鈴木教授の責任ではないが、共通部分として裁判所に出せる結果があまりにも少なくなり鑑定の信頼性が薄まると考えた本田は、ミトコンドリアＤＮＡ法を実施することにした。結果を補強しようとしたのである。

「もう疲れました」

「私の方でも急遽、ＭＣＴ１１８部位の検査をやりました」

本田の携帯に鈴木教授から電話が入ったのは、４月９日午後６時頃だった。

「本田先生の検査で、科警研の型とは違っていたというのは本当ですか」

「ええ、違いました」

「こちらでもやったのですが、バンドが1本しか出ない時もあり、結果が安定しません」

鈴木教授はＭＣＴ１１８法をするとは言わなかった。すでに十分な結果を出しているのに、鑑定書を提出する直前になってなぜ検査をしたのだろう、と本田は訝しんだ。前回の電話で、教授自身は十分な結果が出ていると信じていた。これ以上やる必要のない、やるつもりもなかった鑑定を行なったのは、何らかの要求があったとしか考えられない。

「菅家さんは18－29型で、これはいいね。肌着は、聞き間違いがなければ18－24型ですか」

「そうです」

「うちでは出方がバラバラで、24は出るけれども、18は出ない」

「24が出るんならいいじゃありませんか。私の鑑定でもそうですが、旧鑑定で犯人の型とされた18－29型は出ないのでしょう?」

「出ないね。でも、2人の結果は一緒でないとまずいのではないか」鈴木教授は心配そうな声で答えた。なぜＭＣＴ１１８法ではそれにこだわるのか、本田には不思議だった。

「そういうことはないと思いますが。私の実験についていえば、ＭＣＴ１１８法は自信があります。だから、鈴木先生にはもう少し検証実験をしていただきたいのです。この検査法は実験条件が難しいので、万が一にも誤っていてはいけませんから。私の場合、この結果を鑑定書に書かなければ、中身が希薄になります。だから、これだけは譲れません。先生がその結果を出さないのであれば私が全責任をかぶります、安心してください。ただ、強いて言えばこれは常染色体検査なので、あるいは被害者のＤＮＡ型ではないか、という可能性はゼロではありません。本当は、それが分かればいいんですが……」

鈴木教授は、これまで聞いたことのないような弱々しい声で返事をした。

「もう、私は家に帰りますわ。もう疲れました」

「家に帰るって、どこの家ですか。遠いのですか」

「自分の家ですよ」

鈴木教授の落ち込み方に、誰かに脅されているのではないかと本田は感じた。〝菅家さんが無罪になるのはどうしようもない。しかし、ＭＣＴ１１８法による間違いだけは、何としても本田には出させないでくれ〟〝一致しない結果は出さないようにしようと持ちかけて、ＭＣＴ１１８法の結果を鑑定書に書かないよう働きかけてくれ〟――そんな依頼をされたのではないか。しかし、それを断った。鈴木教授はその〝誰か〟に問い詰められることを恐れているのではないか。

この想像が誤っているなら、逆になぜ、検察や科警研は正しい型が提示されることをこれほどまでに怖がるのか。もしかしたらすでに、鑑定方法の誤りにどこかの時点で気づいているのではないか。いや、そうとしか考えられない——本田は決めた。真実を明らかにするために、法医学者としてのプライドを懸けてMCT118法を成功させる、と。おそろしい闘いになることを覚悟した。

一連の経緯は、本田にとって弾圧ともいえる不当な干渉に曝される契機ともなった。検察は裁判の目的を菅家さんの有罪判決を維持することではなく、科警研の権威を守ることに変更したからだ。DNA鑑定を潰すのみならず、本田の法医学者としての生命を奪うことに傾注したのだ。しかし、賽《さい》は投げられた。本田は全力で突き進むしかなかった。

機密漏洩

4月20日、本田の携帯に何件もの着信履歴が残っていた。手が空いてちょうどかかってきた電話に出てみると、共同通信の記者だった。

「検察側の鑑定では、肌着と菅家さんのDNA型が違っていると聞いたのですが、先生の結果はどうですか」

予想もしなかった質問に、本田は腰が抜けそうになった。裁判所に鑑定書を提出する前に、なぜこんなにも早く結果が漏れているのか。怒りのあまり、頭がクラクラした。

「まだ結果は出ていません。取材は鑑定書を出した後にしてほしい」と答えるのが精いっぱいだった。鑑定書を書く気力も失せそうになるのを、かろうじて堪《こら》えた。

翌日の新聞やテレビではすっぱ抜かれた鑑定結果が大々的に報じられていた。しかも、午前中のニュースでは〝検察側の鑑定では菅家さんと型が違う〟と報道されたのが、午後になると〝検察側と弁護側の鑑定でいずれも違う〟と変わった。その話題に接するたびに、本田の頭の中はぐるぐると渦巻いた。

本田は鈴木教授以外、誰とも鑑定の結果を話していない。弁護団にもだ。それなのに〝弁護側の鑑定〟とはどういうことか。鈴木教授から結果が漏れたのは明白だが、鈴木教授が漏らした相手は果たして誰なのか――本田は苦悶した。

それから連日、取材の嵐に見舞われた。本田を付け回すＮＨＫ記者もいた。研究室の前に居座ったりエレベーターで待ち伏せするなど辟易《へきえき》したが、相手にしなかった。他の報道関係者も入れ替わり立ち替わり訪れ、電話も殺到した。「結果はまだわからない。最後の確認をしているところだ」そう言って取材を断るしかなかった。

報道以降、他の教授や職員たちと共有しているパソコンから鑑定データが流出するのを防ぐため、別のパソコンにデータを移し替える作業も必要になった。想定外の緊急事態が発生し、鑑定書の作成を一時的に中断せざるをえず、本田はほとほと困り果てた。

取材の嵐に晒されている4月の終わり、「鑑定書は期日までに提出できますか」と、岡田書記官から久しぶりに電話がかかってきた。ゴールデンウィーク明けに提出すると本田が言うと、「それでいいのでお願いします」と書記官は答え、電話を切ろうとした。

この間の非常事態を伝えておかなければならない。そう考えた本田は、書記官に訴えた。「鑑定書を提出する前にこの報道です。私は弁護士にも漏らしていません。私が話をしたのは鈴木先生だけなので、検察から報道機関に漏れていることは明らかです。鑑定書作成の妨害になっており、大変に困ります。厳重に注意していただきたい」

話を聞いた書記官は沈黙し、しばらく間を置いて淡々と答えた。「そうですね。そのようなことがないように注意してください」。

私が嘘をついているとでも言うのか——不快に思ったが、確かに、菅家さんの無罪につながる結果を喜んで出すとすれば、弁護側の人間である。検察側から漏れるということは考えにくい。〝本田がリークした〟と世間一般には思われるだろう。本田の信用性に傷をつける意図でこの情報を流したとすれば、巧妙な罠であると考えざるをえなかった。

それにしても、なぜこんなにも早く鑑定結果を漏らす必要があったのか。弁護側の手柄とされる前、つまり鑑定書が提出される前に、検察から公表することによって先手を打ちたかったのか。再鑑定の結果に疑義があり争う余地があれば、鑑定の内容を検討もせずリークするなどありえない。しかも、結果が〝公表〟されたとなっては、鑑定書の中身に興味を持つ人間はいない。書く方も気力を失う。裁判所もすでに結果を知ってしまった――本田は嫌な気分に襲われた。

結局、本田の訴えに対して裁判所から返事はなかった。その不誠実な対応に不満を覚えた。

その後、6月に大阪で開催された日本法医学総会で、本田は鈴木教授に会う機会があった。いきさつを聞くと、鈴木教授は「北陸から来ていたＮＨＫの記者に心を許し、つい鑑定結果をしゃべってしまった」と苦笑いしながら答えた。リークはそれだけではないのかもしれないが、鈴木教授はいうなれば〝戦友〟である。一人でこの重大な結果を抱え込むことに耐えきれなかったのかもしれない。本田はその心を思いやった。

鑑定書提出

5月7日、本田は鑑定書を東京高裁に送った。記したのは全部で11部位だ。内訳は、Yファイラー8部位（そのうち鈴木教授とDNA型が一致しているのは6部位、残りの2部位は彼が検査していないDNA型）とミトコンドリア2部位、そして旧鑑定で実施されたMCT118の1部位だった。鈴木鑑定書には33部位の結果が記されていた。

本田が常染色体STRの型判定に確信を持つことができず、鑑定書に記載しなかったのには二つの理由があった。

一つは、双方の出した肌着遺留精液の型が26部位も異なっていたからだ。つまり、真犯人とされる型が二つ出たことになり、どちらかが間違っていることは紛れもない事実だ。また、常染色体STRは鋭敏な検査なので、被害者の型が紛れ込む可能性がある。本田自身は何度も再検証して自信を持っていたが、2人の結果が不一致となると鑑定自体の信頼性が失われ「鑑定不能」、さらには再審棄却の可能性もある。肌着遺留精液と菅家さんのDNA型が一致していないことはどちらの鑑定でも明らかで、覆ることはない。ここで自らの鑑定の正しさを主張して再審請求の争点が逸れることは避けたかった。

手柄は鈴木教授でいい。菅家さんの無罪という結果さえ得られれば、目的は達すると考えた。あくまで鈴木鑑定を立てようとしたのだ。ただ、鈴木教授の結果を知らされていなければ、ためらわずに全データを出していただろうと残念に思ったのも事実だ。なぜなら、本田のデータにこそ真犯人の情報があると確信していたからだ。

もう一つは、メディアのスクープ合戦で鑑定作業が妨害され、さらに多くの実験ができなかったからだ。しかし、11部位だけの報告でも再鑑定の目的には十分適《かな》っているのは明らかである。DNA鑑定ではたった一つの違いでも、不一致と判断できるからだ。

（注1）DNA鑑定の場合には電気泳動結果を図示したグラフ（エレクトロフェログラム）のことをチャートと呼ぶ場合があるが、正式な名称ではない。

（注2）PCRにおける増幅にかかりやすさの程度。増幅対象とするDNA部位や実験条件、試料の状態によっても異なる。

第7章　鑑定排撃

迷走する裁判所

鑑定書を送付し終えた本田は、残りの仕事に取りかかった。幾通りもの検査で、DNA検査機器であるパソコンのハードディスクが飽和状態だ。整理しなければ正常に作動しなくなるおそれがある。それに、データが盗まれる可能性もないとはいえない。鑑定書に記載したデータを残し、予備実験のチャートの多くを消去した。翌日、〝6月12日までに弁護側と検察側が意見書を出すことになった〟という報道を目にした。

それから数日後、やっと終わったと本田がホッとしているところに、岡田書記官から電話がかかってきた。何事なのかと思いながら電話に出た。

「鑑定書をありがとうございました。それで、試料がもし残っていたら、その残りを大至急送り返してください。大至急、お願いします」書記官の声は慌てていた。

「そんなに大急ぎでお返しする必要があるのですか」と聞き返すと、「ぜひお願いします」と書記官は言うだけで、理由を説明しない。なぜこんなに焦っているのかと思いながらも承諾し、本田は試料の残りを返送した。

5月12日午後4時頃、岡田書記官から再び電話が入った。

「実は検察官から、先生の鑑定書に追加データを送ってほしいという上申書（注1）が出されたのですが、それを郵送とファックスで送っていいでしょうか」

「何のことですか。全ては鑑定書に記載した通りですし、鑑定書の内容はまだ法廷で正式に検討されていないはずなのに、なぜ追加データが必要なのですか」よく読みもしないで鑑定書が誤っているとでも言いたいのかと、不愉快な気持ちになった。

「私どもでは分かりませんので、上申書を見ていただきたいのです」

同じことしか繰り返さない書記官に、本田が仕方なく「追加データとはどういうものですか。少し読み上げていただけますか」と言うと、ホッとしたような声が返ってきた。

「『泳動チャートの全データ、定量ＰＣＲの全データ、ミトコンドリアＤＮＡのプライマー配列とサイクル数』……」

聞きながら、これに何の意味があるのだと本田は思った。鑑定結果を導きだすデータは全て提示した。理論的には何らの破綻《はたん》もないはずだ。鑑定書そのものには反論できないから、言うなれば〃ゴミ漁《あさ》り〃をやって反論の材料を集めるつもりかと思えた。

「後半の要求、たとえば定量ＰＣＲ以降は比較的簡単ですが、チャートの多くは機密性のためパソコンから消去しました。残っているものもあるかもしれませんが、内容が分からないようにファイル名を変更しているため、すぐに探し出すのは困難です。鑑定に多くの時間を割いたので、他にやるべき仕事もたくさん残っており、余裕がありません。しばらく鑑定業務から解放されたいのです。それに、弁護人や検察は6月12日までに意見書を出すのでしょう。それまで待ってもらうよう、考え直してほしいのですが」

腹立たしい気持ちを抑えながら本田が伝えると、書記官は途方に暮れたのか、電話の相手が裁判官に代わった。

「とりあえず上申書を見ていただけないでしょうか。そのうえで、できないならできないで構いません。それと、データの提出を求めているのは科学警察研究所です」

「追加データの提示は当然、鈴木先生にも連絡されているのでしょうね。鑑定は2人とも同等の立場であるはずですから」本田は当然の質問をした。

「鈴木先生にはなく、本田先生だけです。はっきりしたことは分かりませんが、鈴木先生の鑑定書は私たち素人目にも分かりやすく、また、実験の全データを提示されているからではないかと思います。それに対して、本田先生の鑑定書は難しく、分かりにくいところやデータに足りないところがあるからではないでしょうか」

「私に送る以上、鈴木先生にも当然送るべきです。本来ならとても応じられませんが、それでは困るのでしょう。とりあえず上申書は送ってください」本田は仕方なく了解した。

検察の上申書を見た本田は目を剝いた。これはまるで〝鑑定の取調べ〟じゃないか。簡単にいえば、これまでに行なった実験の全データを提出せよ、という内容だった。裁判官は〝データの提出を求めたのは科警研〟と言った。科警研がデータを調べるのだろう。とすれば、この指示は福島所長以外にありえない。

しかし、と本田は思った。再鑑定は、旧鑑定が本当に正しかったのかどうか、検察・弁護側の両鑑定人がともに公正な立場で検証するために東京高裁が命じたものだ。そして再鑑定の結果、旧鑑定がきわめて杜撰だったことが明らかになった。科警研は今や裁かれる立場にあるといっても過言ではない。この再鑑定は〝再審請求審〟というれっきとした裁判だ。それなのに、渦中の科警研にどうして追加データを求める権利があるのか。検察は科警研の代理人でもないし、裁判所は公正な判断者であるべきなのに。

そもそも裁判官の一連の対応が、本田には不審きわまりなかった。鑑定人同士連絡を取り合うことを指示したり、証拠調べに関連する鑑定の追加データの提出を鑑定人に求めたり……あまりにも偏った訴訟指揮だと感じていた。

本田は佐藤弁護士にこの事実を伝えた。佐藤弁護士がすぐさま裁判所に確認した結果、検察官が追加データの提出を求める趣旨を裁判官に説明し、裁判官はそれを認め、弁護人の意見も聞かずに本田に直接連絡をして上申書を郵送した、という事実が判明した。

これは、検察の上申書一項に記された《同鑑定（本田鑑定）のDNA型判定が正しいものか……正確に検討できない》という主張を裁判所が認めた、という意味にも取れる。検察は裁判所に対して、本田鑑定の排除への準備をすでに進めていたのである。〝裁判所が証拠調べに関して判断を示す場合には、必ず弁護側の意見を聴いたうえで行なわなければならない〟という刑事手続上の原則（注2）が踏みにじられた。

「本件DNA鑑定に関し、徹底して公正な態度を持せられたい」

明らかな違法行為に激怒し、佐藤弁護士は5月15日付で裁判所に申入書を提出した。

鑑定のあら探しをするような要求に腹立たしさを感じていた本田だが、ここで逆上して検察の要求を無視しても菅家さんのためにならない。残っているデータを懸命に探し出し、すでに消去したデータがあることも正直に付記し、5月25日付で改訂鑑定書を提出したところ、〝鑑定書を修正し、改訂版を出した〟と報じられた。最初の鑑定書が誤っていたかのようだな——。事情を知ってか知らずか、そのやり方を不愉快に感じたが、裁判の大きな目的が矮小な事象に囚われるのを避けたかったので、黙ってやり過ごすことにした。

母親の鑑定

この間の5月13日、真実ちゃんの母親に1通の手紙が届いていた。東京高検からだ。

１９９１年12月暮れの犯人逮捕の連絡以降、何の連絡もなかった。それが一体どういうこと？　今さら何だというの……。封を切り、母親は手紙に目を通した。

《お嬢様が亡くなった平成2年の事件に関する手続きを担当している者です。すでに報道されているので御存知かも知れませんが、この手続きの一環として、裁判所がＤＮＡの再鑑定を実施したところ、有罪の証拠となったＤＮＡの型と菅谷《ママ》受刑者のＤＮＡ型とが一致しないという結論が示されました。つきましては、直接お目にかかって、手続きの現状についてご説明などを申し上げたいと思い、このお手紙を書かせていただきました》

せめて真実だけでも知りたいと願っていた母親は5月21日、宇都宮地検に足を運んだ。地検の一室で椅子を勧められ、母親は軽く腰をおろした。真向かいは高検の検察官だった。検察官は再鑑定の結果と、再審を視野に入れた今後の展開について説明を始めた。

「2人の鑑定人がそれぞれ違う方法でDNA鑑定をしました。結果はどちらも、肌着から検出されたものが菅家氏の型とは合っていませんでした。そういう鑑定書が出てきている状況です。これに対してどうするのか、あるいは、この鑑定書をどういうふうに解釈すべきなのか検討しているところなので、検察としてもまだ結論が出せる段階ではありません。仮に今回検出されているものが犯人のものであると考えると、そして、その犯人として出てきたものを分析した結果、菅家氏と合致してないという結論が出たとなると……、検察は正義を実現する立場にあるものですから、犯人でない人を刑務所に入れておくわけにはいかない。そういう大事な見極めをしなければいけないところもありまして」

そして、口腔内粘膜の細胞を採らせてもらえないかと検察官は母親に求めた。

「いずれにしても、20年も前の肌着からDNAの型が出てきているということなので。20年の間にいろんな人が触っています。事件と関係のない人の手汗とか、そういうのが検出されただけなのか、あるいは、肌着から今回出てきたものは、単にお嬢さんのDNAの残り物〔当時の技術では検出できなかった、真実ちゃんとは違う人のDNAの型〕を新しい技術で掘り当ててしまっただけなのか――再鑑定の結果を受けて、他の人のDNAが混入しているのかどうかきちんと調べないといけないと思い、関係者をずっと回っているところです」

この時期、東京高検が真実ちゃんの母親を呼び出した理由は、本田の鑑定、特にMCT118法の検査結果を潰すことにあったといえる。本田は鈴木教授に問われた時、この部位は常染色体上にあるから被害者の混同の可能性もゼロではないと説明した。鈴木教授にだけ語った言葉だ。それがそのまま、検察に漏れていた。

汚染を期待して鑑定結果に疑義を見つけたい検察あるいは警察は、まず、捜査の段階で肌着に触れる機会があった当時の捜査員数十人のDNA鑑定を鈴木教授に嘱託して行なったが、本田が出した18‐24型に一致する人物はおそらくいなかったのだろう。次に検察は、この肌着に日常的に接触していた家族の汚染可能性を期待した。

検察はこの時点で、足利事件被害者のDNA鑑定を行なう必要があることに気づいたのだろう。だからこそ、真実ちゃんの母親に接触する必要があった。そして同時に、科警研の鑑定に裁判上の問題があることを把握したはずだ。

「鑑定をはっきりさせるために必要ならば、検体提供に対してはやぶさかではありません」

母親が応じると、別の部屋で待機していたらしい栃木県警の鑑識係員が現れた。皆が見守るなか、母親は口を開いた。作業の終了を待って、検察官は切り出した。

「当時捜査した者から聞いた話では、事件の捜査が終わった段階のお嬢ちゃんの爪であるとか、毛であるとか……」

「あのう、持って行かれましたよね」話の途中だったが、意図を察した母親が聞き返した。

「お返しした、ということはありますか」

「警察の方にあるかと思います」母親はきっぱりと答えた。

検察官は気まずい口調で、真実ちゃんのへその緒を貸してほしいと依頼した。後日、母親はそれを大事に抱えて家を出、捜査関係者に手渡した。

こうして初めて、検察は真実ちゃんのDNA型を明らかにすることができた。だが、この鑑定も秘密裏に行なわれ、結果も公表されなかった。なぜか。検察としては、本田鑑定が出した18－24型に重なるバンドがあれば、これは犯人由来ではなく被害者家族の細胞が混合したものであると、本田の判定を潰すことができる。また、当時の捜査関係者は全員男性だったので、彼らのDNAの混合という可能性も含めて、本田鑑定によるY-STR部位の判定結果を排撃するために追求したはずだ。しかし、意図したことが達せられなかったので、裏でなされた鑑定は表に出すことができなかったのだろう。

なお、鑑定書提出後であったが、再審前には本田も真実ちゃんのDNA型を明らかにすることができた。後述する日本テレビの清水潔記者らの協力によるものだ。真実ちゃんの母親の同意を得て、彼女の口腔粘膜細胞と真実ちゃんのへその緒が研究室に届けられた。ＭＣＴ１１８法を行なったところ、電気泳動のゲル上に「18、30、31」という３つのバンドを確認できた。この結果、松田真実ちゃんは18-31型、母親は30-31型と確定できた。

ＭＣＴ１１８法は二つの数値の組み合わせで型を表すことから、真実ちゃんの場合は「18」が父親、「31」が母親由来であることが明らかになった。

科警研が１２３ラダーを用いて判定した肌着から検出したのは16-26型だった。それをアレリックラダーに置き換えると18-30型で、菅家さんの型と一致する——当初、科警研はそう主張した。この18-30型こそ、犯人由来のＤＮＡではないものの鑑定を行なってしまった可能性が高くなった。

検察官は真実ちゃんの母親に、肌着から今回検出したものは「お嬢さんのＤＮＡの残り物を新しい技術で掘り当ててしまった」かもしれないと説明した。しかし実は、旧鑑定が検出した型だった可能性が極めて高い。

意見書――科警研所長

《本件については、筑波大学本田克也教授からも鑑定書が提出されているところ、同鑑定については、本年６月11日付け科学警察研究所所長福島弘文作成に係る意見書のとおり、検査の方法等に疑問があり、全体的に信用性に欠けるものと考える。／したがって、本田鑑定は、刑事訴訟法第４３５条第６号に定める無罪を言い渡すべき明らかな証拠に該当するとは認めがたい》

東京高検の宇川春彦、山口幹生の名前で検察側意見書（６月12日付）が東京高裁に提出された。

11枚ある「鈴木廣一教授及び本田克也教授による再鑑定に関する意見書」の最後の頁をめくった本田は、その署名に驚くとともに得心した。「福島弘文」――しかし、なぜ現在の科警研所長なのか。本来なら、当時の科警研所長が反論すべきではないか。福島所長は足利事件の鑑定には関わっていないどころか、かつて科警研のＭＣＴ１１８法を批判した旗頭なのに……。意見書は次のように本田鑑定を批判していた。

《本田鑑定人は、精子の存在が確認された部位から相当に離れた部位のＤＮＡを抽出している。科警研の鑑定書（平成3年11月25日付けのもの）によれば、〔中略〕当時の検査で、精子が付着している可能性が考えられる部位は特定されていたのであり、本田鑑定人がＤＮＡを抽出した部位には精子が存在しないと考えられる。本田鑑定人は、改訂鑑定書に追加記載された「半袖下着から資料部位の採取」の中で、「周辺部位は試薬が充分にかけられていてＤＮＡの型検出を阻害する可能性や切り取る際に人為的に汚染した可能性がある」、あるいは、「証拠となる切り抜き部位の位置を残すため」という理由で、「最も型判定に適した部位を選別しようと」、「わずかに離れた」、「やや離れた」、また「さらに離れた」部位を選択したと記載している（改訂鑑定書2頁）。〔中略〕再鑑定では第一に精子付着部位に直近の部位の鑑定を実施し、さらに鑑定人が独自に判断した重要部位の検査を加えるべきである。その結果、再鑑定では複数の鑑定人によってより精度の高い鑑定が可能となる。本田鑑定人はこの再鑑定において求められている主旨について誤解しているると考えざるを得ない》

旧鑑定書には、栃木県警科捜研が採取した部位以外の7カ所からも精子を検出したと明記されていた。ということは、相当広い範囲に精子が存在した可能性が考えられる。《精子が付着している可能性が考えられる部位》のいくつかは確かに旧鑑定で特定されていたが、逆に言えば〝精子が全く付着していない部位〟が特定されていたわけではない。《本田鑑定人がDNAを抽出した部位には精子が存在しない》という主張には根拠がない。

そもそも、旧鑑定に疑義が生じているからこそ再鑑定になったのだ。〝科警研が採取した部位の周囲のみに精子がある〟という前提そのものを疑う必要があると本田は考えた。旧鑑定の失敗の原因には、たとえば、科警研が採取した部位が不適切だったことも考えられる。旧鑑定に拘泥して試料を採取するのでは、鑑定の失敗を繰り返すことになりかねない。

さらに、《アイデンティファイラーキットによる常染色体STR型検査を実施していない》。また、劣化した試料からのSTR型検査に良いとされるミニファイラーキットも使用していない》と本田の鑑定方法を問題にしたが、〝ミニファイラーキットによる鑑定をしろ〟と命令されるいわれはない。再鑑定は、精液由来のDNA型を検出するのが目的だった。常染色体STR法では1人に2本ずつバンドが出る。仮に、複数人のDNAが混在したらバンドが乱立し、鑑定不能となる。だから、Y染色体、X染色体のSTR法が適していると本田は考えたのだ。

意見書で次に批判されたのが、《混合が考えられる資料について、2段階のDNA抽出を行わ》なかったことであるという。

《細胞成分を除去することなく、最初から、精子をも溶解する溶液を用いたDNA抽出を行っているので〔中略〕、仮に精子が付着した資料であったとしても、精子及びそれ以外の細胞成分由来のDNAが混合した状態であり、女性の細胞が混在していれば、抽出されたDNAは男女混合となる〔中略〕。本田鑑定が採った方法は、精子のDNA型を検査する手段としては、適切な方法でない》

ところが、二段階抽出法では、19年もの年月を経て柔らかく変化してしまった精子からDNAを捨ててしまいかねないという問題がある。無駄が多く、再鑑定には適さないことを本田は心得ていた。しかも、科警研の鑑定や鈴木鑑定でも二段階抽出法が行なわれていないにもかかわらず、それには何の言及もなかった。本田鑑定への批判はさらに続く。

《〔鑑定データがないなど〕資料採取、DNA抽出、PCR増幅及び型解析における検査技術の品質管理及び検査結果の解釈において、法科学的ＤＮＡ型検査として適正ではなく、これらの鑑定書は検査技術及び理論構成の両面から信頼できないものである》

これは言葉遊びかと本田は思った。たとえば、《法科学的ＤＮＡ型検査として適正ではなく》と言い切る根拠となる事例を何も挙げていない。それに、《理論構成》とは何だろう。何を理論と言っているのか。中身のない言葉を並べたところで自己陶酔だ。科学者の文章ではないと感じた。それに、鑑定書提出後に不必要になったデータを消去するのは機密性の保持と、大学では多くの研究者が共用している機器の管理のため、当然のことだ。

ところが、これだけ本田鑑定を批判しながら、意見書には次のような部分があった。

《本田鑑定では、キャピラリー電気泳動による型判定で、請求人〔菅家さん〕から18、29型、遺留資料から18、24型が検出されている。請求人の血液資料については、本田鑑定においても、型としては正しく検出されていると考えられることから、当時、１２３塩基ラダーにより得られた請求人の16、26型は、現在のアレリックラダーによる18、29型と考えられる。／当時の科警研鑑定のＭＣＴ１１８型検査の電気泳動像には多少のゆがみはあった

としても、遺留資料に付着の精子から検出された26型のバンド位置は、請求人が示す型のバンド位置と肉眼的にもずれはない》

《請求人（当時の被疑者）のＭＣＴ１１８型については、科警研鑑定と本田鑑定とは一致しているので、当時、請求人のＤＮＡバンドが正確に電気泳動したことは明らかである。そうであるとすれば、同じゲル内で同じ条件で電気泳動を行った遺留資料の方だけバンド位置が誤って検出されたなどということはあり得ない》

科警研はこれまで、菅家さんのＭＣＴ１１８部位は16‐26型だと主張してきたが、意見書で《18、29型と考えられる》、つまり本田鑑定と一致していると認めている。

だが、科警研はどうやって菅家さんの型を18‐29と確信できたのか。鈴木鑑定ではＭＣＴ１１８型検査は行なっていないことになっているので、科警研が菅家さんの型を知るすべはないはずである。意見書には最後に《平成3年当時は〔中略〕ＭＣＴ１１８型検査法についても〔中略〕一般的な手順を踏んで実施しており、これを刑事鑑定に用いることに問題はなかった》と記しているので、菅家さんの型が《科警研鑑定と本田鑑定とは一致している》と結論づけることはできない。《当時、請求人のＤＮＡバンドが正確に電気泳動したことは明らかである》にもつながりを見出せない。となると、科警研は自ら、菅家さんのこの部位の型を確認したとしか考えられない。それにしても、試料はどうやって得たのか。科警研がそれを入手できるルートは鈴木教授しかないのではないか。

意見書はまた、女性細胞の混合について次のように批判していた。

《本田鑑定において遺留資料から抽出されたDNAは、男性由来成分及び細胞成分（女性由来資料を含む）の混合と考えられるので、検出されたMCT118型においても混合が疑われ、男性のみに由来する型ではない》

だが、女性細胞が肌着に付着するのは被害者が女性であれば当然のことで、混合があるのも鑑定人の誤りではない。何をおかしなことを言っているのか、と本田は思った。

本田にとって、事実とは〃客観的な事実〃しかありえない。言葉には嘘が含まれていることが往々にしてあるからだ。だからこそ、法医学者の存在意義がある。意見書を読んだ本田は、福島所長がかつて法医学の専門家だったことが信じられなくなった。

証人尋問なし

6月4日、検察は再審請求が認められる前に刑の執行停止を行ない、菅家さんを釈放した。これも異例のことで、検察の敗北宣言に等しい。

もしかしたら、争う余地もなく菅家さんが無罪であることを検察が確信する何かがあったのかもしれない。検察が簡単にギブアップしたことを意味するこのニュースを知り、本田はそう思った。

一方、弁護団は検察官意見書に反論するため、福島所長の証人尋問を東京高裁（矢村宏裁判長、杉山愼治裁判官、佐伯恒治裁判官）に要請したが、裁判所に却下された。そこで6月22日に裁判官3人の忌避を申し立て（注3）た。しかし、訴訟を遅延させるのが目的とみなされたのか、即日簡易却下（注4）だった。

菅家さんの釈放から20日後の同月24日、東京高裁が再審開始を決定した。17年以上かかった再審請求までの流れとは異なり、DNA再鑑定後は、事態が速やかに進められた。

再審の決定は確かに喜ばしい。しかし、本田は抗告審の進め方に不服があった。鑑定人の証人尋問をするべきであったのに、それを怠ったからだ。再鑑定で何が起き、どうなったのか。旧鑑定はどう誤ったのか。裁判官を含め、日本中の誰もがそれを何も知らないままにこの事件に蓋をしてしまってよいのか。本田は口惜しかった。

「早期結審を望む」

2カ月後、東京高検は宇都宮地裁に対して早期結審を求める意見書を提出した。

《①検察官は、無罪を立証するために必要な証拠調べをする予定である。鈴木廣一・大阪医科大教授のＤＮＡ型鑑定のみを取調請求し、弁護人が求めている本田克也・筑波大教授のＤＮＡ型の取調請求は一切考えていない。

②弁護人は誤判原因の解明として数多くの証拠調べを請求する方針を示すが、証拠調べは有罪無罪の結論を導く前提として証拠能力等を判断する必要がある場合に、その限度で行われるべきである。〔中略〕誤判原因の解明ないし検証を目的とする証拠調べは、刑事裁判の制度目的を逸脱し、手続きの遅延を招く点で、不相当である。

③誤判原因の解明に固執する弁護人の対応は正当なものとは言い難い。〔中略〕裁判所は早期に無罪判決までのスケジュールを念頭に置いた公判期日の指定をするよう求める》

《迅速な無罪判決》を求めるのは聞こえが良い。しかし、《誤判原因の解明ないし検証》はすべきでないという高検の主張に対し、弁護側は４日後に反論の意見書を提出した。当然、誤判究明こそが事案の真相を明らかにし、司法手続の被害者である菅家さんの基本的人権の保障を全うするものであり、誤判防止という刑事訴訟法の根本理念に合致し、国民の付託に応える道であって、まさに公益であるとしたうえで、《確定審証拠の取り調べを(行い)終了し、ついでのちに再審公判で申し立てる「菅家氏の自白及び科警研のＤＮＡ鑑定の証拠排除の申立」に基づく証拠調べを実施されたい》とした。検察官の意見は、刑事訴訟法の根本理念（注５）と同法１条（注６）に反する不当な意見であると批判したのだ。

そもそも弁護側は、再審が確定する前に検察側が訴訟手続きを待たずに弁護団の請求を受け、菅家さんを釈放するなど異例の判断をしたことなどを踏まえ、再審初公判期日前の２００９年８月７日、裁判官・検察官・弁護人による三者協議に「再審公判の審理方法に関する意見書」を提出していた。再審裁判において原確定判決の基礎となった証拠は全て再審裁判所の職権で取り調べたうえ、再審請求段階以後の証拠については当事者の証拠請求を受け、裁判所が証拠の採否を決め証拠調べを行なうとする「更新手続き準用説」を主張したのだ。裁判所の訴訟の進め方次第で、原確定審の証拠の収集・作成過程や判断過程の当否を審理の対象とすることができる。誤判原因の究明や責任の所在が明らかになるのを拒もうとする検察側の意図に、先手を打っていた。

両者の意見を受け、宇都宮地裁は同年9月4日、再び三者協議を開いた。法廷の主宰者は基本的スタンスとして「再審公判もその目的は国家刑罰権の存否や量刑の幅を決める刑事裁判に変わりはないから、誤判解明をすることは裁判所の権限を逸脱すると考えるので基本的には行わない」と説明した。そのうえで、「しかしながら、再審公判は公判手続きの更新に準じて職権で確定審の証拠を取り調べることになり、そのうち弁護人が主張を検討するための証拠調べを行うことは必ずしも再審公判の趣旨に反するとは言い切れない。再審公判が被告人の名誉回復を目的としている特殊性からも証拠調べに入ることができると考える」とした。

この日、裁判所は、10月21日の再審初公判での証拠調べについて、鈴木教授と本田を証人として採用することを決めた。さらに、検察側意見書を書いた福島科警研所長と、事件当時の担当検事だった森川元宇都宮地検検事の証人尋問を採用した。

世論の関心は〃人違い起訴〃をした検察と〃誤判〃した裁判所が、その究明にどこまで踏み込むかということに移った。それは原因究明を「基本的には行なわない」とした裁判所に睨みをきかせた形になった。そのはずだった。

（注1）裁判所や官公庁などに対して、法的な手続きによらない申立てや報告などを行なうための書類。

（注2）刑事訴訟規則190条は、次のように定めている。「①証拠調又は証拠調の請求の却下は、決定でこれをしなければならない。②前項の決定をするについては、証拠調の請求に基く場合には、相手方又はその弁護人の意見を、職権による場合には、検察官及び被告人又は弁護人の意見を聴かなければならない。③被告人が出頭しないでも証拠調を行うことができる公判期日に被告人及び弁護人が出頭していないときは、前項の規定にかかわらず、これらの者の意見を聴かないで、第一項の決定をすることができる」。

（注3）刑訴法21条1項で「裁判官が職務の執行から除斥《じょせき》されるべきとき、又は不公平な裁判をする虞《おそれ》があるときは、検察官又は被告人は忌避することができる」旨規定されている。

（注4）忌避を申し立てられた裁判官自身が、その忌避を却下すること。

（注5）刑事訴訟法は被疑者・被告人の基本的人権の尊重および真実の発見のために制定されたが、両者が対立した時には基本的人権を尊重すべきである、というのが基本理念である。

（注6）「この法律は、刑事事件につき、公共の福祉の維持と個人の基本的人権の保障とを全うしつつ、事案の真相を明らかにし、刑罰法令を適正且つ迅速に適用実現することを目的とする」。

第8章　再審そして真犯人

真犯人の影

2009年6月下旬の午後、本田の研究室を2人の男性が訪れた。日本テレビの清水潔記者と、当初からこの事件を追い続け真犯人と見られる男の存在をつかんだ小林篤ライターだ。2人はDNA鑑定を本田に依頼した。検査対象物として、ビニール袋に入れたマスクとティッシュペーパーを差し出した。

「足利事件に絡む、ある男の物です」清水記者が告げた。

再鑑定に関係するものかもしれないと思い引き受けた本田は、その結果に目を疑った。マスクから検出された型は、再鑑定で出したDNA型と同じだった。試料のDNA量が少ないためMCT118部位の上位バンドはあまりよく出なかったが、18-24型である可能性が高いと判断できた。Yファイラーによる判定も全て一致した。

ティッシュペーパーからは女性のDNA型を検出した。清水記者の説明によれば、男は母親と二人暮らしとのこと。おそらく母親のものだろうと思われた。

真犯人の可能性があるDNA型——ただし、と勇む気持ちを抑えて冷静に検討した。

このことは、『文藝春秋』2011年4月号で清水記者が報じた。

いる50代の男だ。限りなく真犯人に近く、名前だけでなくDNA型も明らかになった。

しかしこれで分かったのは、渡良瀬川を中心に栃木、群馬の県境のパチンコ店に通って

いえば〝真犯人の可能性がある男の細胞が付着しているマスク〟だ。

からないような由来の試料だから、真犯人と一致したといえるかどうかは微妙だ。厳密に

自身がその男から直接採取したわけではない。男の素性は聞いたものの、どこの誰かも分

サンプルがマスクではなく、その男の口腔内粘膜や血液ならまだよかった。また、本田

〝全量消費〟

本田のパソコンに1通のメールが届いたのは、2009年9月24日午後4時前のこと

だ。この日は司法解剖が入らず、久しぶりに暇をもてあましていた。白衣姿のまま、本田

はディスプレイを何気なく覗いた。

差出人の名前を見て目の色が変わった。信州大学医学部の太田正穂准教授だ。DNA

の一部位であるHLA・DQαの検査を依頼し、その結果を待っていたところだった。

「来たか」そうつぶやき、パソコンのマウスを手慣れた様子で操った。視線は画面に映

し出された文字を追いかけた。

《サンプルＡについては『3－Ｘ型』。これはＤＱα3型と、それ以外の複数の分子が含まれているようです》

「やっぱり……」本田は思わず声が出た。

再鑑定後、科警研や検察が本田鑑定に対する批判的な意見書を出すなど、単なる嫌がらせとは思えないほどのバッシングを受けていた。過去にない経験だった。他にも何か隠された問題があるのではないか。疑念を抱かざるをえなかった本田は、旧鑑定書を手に取り、その時初めてまともに読んだ。証拠採用された添付写真3枚も見た。

そのうちの1枚は、逮捕から3日後に栃木県警が採取した菅家さんの血液を科警研がＤＮＡ鑑定した時の電気泳動写真だ。残りの2枚は、ティッシュペーパーの精液と対照試料として肌着から抽出したＤＮＡのバンドを2本並べたものだ。血液の電気泳動写真はバンド数が足りない。異同識別が行なわれず、単独で型判定している。

読み進めるうち、引っ掛かる箇所があった。菅家さん由来のものとされる2枚のティッ

資料名	MCT118型[1)]	HLA DQα型[2)]
資料(1)半袖下着の(1)ーア部位の精液斑	16－26型	未検査
資料(1)半袖下着の(1)ーイ部位の精液斑	16－26型	未検査
資料(2)ティッシュペーパーの(2)ーアの精液斑	16－26型	1.1－1.3型
資料(2)ティッシュペーパーの(2)ーイの精液斑	16－26型	1.1－1.3型

真実ちゃんの半袖下着と菅家さんが捨てたティッシュペーパーのDNA型鑑定結果。HLA・DQα型はティッシュペーパーから型判定できているのに、半袖下着は未検査になっていた（科学警察研究所のDNA型鑑定書から）。

シュペーパーはHLA・DQα法による鑑定も行なわれていた。旧鑑定書が送られてきた当初それを目にしたが、あまり関心を持たなかった。肌着遺留精液ではその検査が行なわれていなかったので、ほとんど論争の対象になっていなかったからだ。なぜ、ティッシュペーパーではそれが行なわれたのか。なぜ、いずれも「1.1－1.3型」という結果を鑑定書に記載したのか。不自然ではないか。

一審で科警研の技官は、肌着にHLA・DQα法の検査をしなかったのはMCT118法で全量消費しDNA量が不足したためだと証言した。当時、MCT118法は優れた識別力があると宣伝されていた。そのため、この検査方法で一致が判明したのであればそれ以上の検査は不要、という印象を与えていたのは事実である。しかし、この鑑定法の誤りが分かったいま、〝ＨＬＡ・ＤＱα法の未検査〟は大きな問題として本田の中で浮上した。

不足したというが、いったいどれだけの量のＤＮＡを肌着から抽出したのか。肌着を鑑定した向山技官は一審で、ＭＣＴ１１８法にはＤＮＡが２ナノグラム《ng》（１ng＝10億分の１g）必要と証言した。しかし、抽出した全体量は不問にされていた。

旧鑑定書によれば、肌着のＭＣＴ１１８法による検査は２回だけ行なったという。精液には精子のＤＮＡが多量にある。検査２回分に必要な４ngしかＤＮＡを取ることができなかったというのは、普通ありえない。ＤＮＡは溶解バッファー中で取るが、その抽出液の最低量は１００マイクロリットル《μl》（１μl＝０・００１ml）内外である。もし４ngしかＤＮＡが取れていないとすると、当初の総量ではなくＤＮＡ溶液の１μl当たりの濃度としてはその１００分の１（１μl当たり０・０４ng）という計算になる。しかし、これでは濃度が測れないほど微量、すなわちＤＮＡを取れているのかどうか分からないくらいの量だ。

通常、ＰＣＲには１μlのＤＮＡを使うことが多い。このことから、１回の検査に２ng使ったのではないかと推測される。これを最低量の１００µlで抽出した濃度とすると、ＤＮＡの総量はこの１００倍、すなわち２００ngはあったことになる。ＭＣＴ１１８法のみならず、ＨＬＡ・ＤＱα法を試すに十分な量で、１００回分の検査は可能だったはずだ。また、捜査機関はもともと肌着の使用を制限されていなかったのだから、量が不足していれば抽出し直せた。できるはずの検査をなぜ未検査としたのか。

本田は国内でもいち早く、１９８７年からＤＮＡ研究に取り組んできた。その経験から、ＰＣＲを使った実験では極めて少ない試料でも鑑定可能だと知っていた。ＨＬＡ・ＤＱα法もＭＣＴ１１８法と同じくＰＣＲを用いた検査である。検出方法が電気泳動ではなく、ドット・ブロット法であるという違いがあるにすぎない。実験マニュアルにも多量のＤＮＡが必要とは書かれておらず、通常のＰＣＲに必要な量で十分なのだ。納得できない。旧鑑定書をにらみながら、本田は再鑑定を依頼された時の説明を反芻した。

１９９４年９月22日、東京高裁での第４回控訴審公判のことだ。佐藤弁護士は、なぜＨＬＡ・ＤＱα法による検査をしなかったのかと質問した。

「鑑定するには〔ＭＣＴ１１８法の〕約10倍量のＤＮＡがないとＰＣＲ増幅できません」「半袖下着から切り取った斑痕からは30ngを抽出しましたが、それはＭＣＴ１１８法が２回できる量にすぎません」向山元技官はこう言い切った。

　佐藤弁護士は首を傾げた。「一審では、ＭＣＴ１１８部位の検査には２ng必要と答えていますね。２ngでこの部位の検査を1回行ない、残りの18ng、あるいは20ngを用いてＨＬＡ・ＤＱα部位の判定をするという方法も採りえたのではないですか。それなのにＭＣＴ１１８法を2回しかできなかった、と言われる。しかも、30ng全て消費してしまったのはどうしてですか」素朴な疑問をぶつけた。

「肌着の斑痕の状態などから、ゲノムが壊れていて測定のしようがありませんでした。実際にＭＣＴ１１８型の鑑定に使っているなかで、いわゆる壊れないで残っているＤＮＡがどのくらい入っているかということが計算できませんでした。1回目のＰＣＲ増幅産物からＭＣＴ１１８型を検査した結果を見て、ＨＬＡ・ＤＱα型の検査には足りないだろうと判断しました」

　確かめることなく、できないはずと判断するとはどういうことだろうか。

一致

　未検査の理由を向山元技官は一審では量が不足していたと証言し、控訴審では〝ＤＮＡ

が壊れている〟と質の問題にすり替えていた。

科警研はＨＬＡ・ＤＱα法を行なったのではないか。再鑑定で、17年前の試料から本田はＤＮＡを抽出できた。足利事件はＤＮＡ鑑定を証拠として1人の男性を逮捕するという、国内初の重大事案だ。ＭＣＴ118法だけに全量消費するなど考えられない。肌着には多数の精液斑を確認でき、何カ所からでもＤＮＡを抽出・精製可能だったはずだ。より確実性を得るためには別の方法も試すはずで、確かめられないなどありえない。向山元技官は抽出量にあまり触れられたくなかったのだろうか。

残りの2枚の写真泳動も問題だった。2本出ているバンドはどちらも薄いが、特に上位バンドが極めて薄い。写真を見る限り検出方法が悪く、検査は明らかに失敗しているのがわかる。だがこの写真が証拠として提出されているということは、旧鑑定ではこれが最高の出来だったに違いない。

初めからＭＣＴ118法とＨＬＡ・ＤＱα法で検査すると決めていれば、試料は後者のために残しておいたはずだ。前者の結果が不満足なものであれば、後者で再確認する意味は大きい。2枚の泳動写真から察すると、少なくとも二つの検査を行なう必要量はあったと考えられる。そのうえで、何かの理由で科警研は〝鑑定しなかった〟ことにするしかなかったのだろう。おそらく、もっと〝いい〟結果を求めて検査を繰り返したのだろうがさらに悪く、捜査側には不利だと判断され、隠したのではないだろうか。

肌着の試料からいかなるＨＬＡ・ＤＱα部位の型が検出されるのか。確かめる必要がある。それによって何か見えてくるかもしれない。本田は腹をくくった。

しかし、試料は全て使い切り、残った試料も裁判所に返していた。だが、抽出した試料を入れたチューブはまだ捨てていなかった。チューブの内壁に乾燥したＤＮＡがわずかでもこびり付いていないだろうか。本田のこれまでの経験では、ごく微量ながら残っていることがあった。やってみる価値はある。本田は早速、チューブ内に溶解バッファーを入れ、付着物を溶かし出した。しかしこれでは、ＤＮＡの濃度が極めて薄い。高度な検出技術がなければ鑑定できない。

頼むとしたらあの人しかいない。本田はすぐに閃《ひらめ》いた。かつての先輩、信州大学の太田正穂准教授だ。すぐに電話をかけ、今でもＨＬＡ・ＤＱα法が可能か尋ねてみた。

「検査キットはすでに販売されていませんが、最新の方法でもできますよ」

「では、先生のところで検査をしていただけませんか」

快諾してくれたが、彼に迷惑をかけてはいけない。本田はブラインド・テスト形式で試料の由来を伏せることにした。肌着の試料を「A」、菅家さんの試料を「B」、清水記者らから鑑定を依頼された男性由来の試料Xを「C」として、全ての検体の名前を匿名にした。鑑定目的も、「死後変化が強い焼死体のサンプルから身元確認のための血縁鑑定を行なっていただきたい」と、仮の理由を口頭で告げた。

梅雨時期には珍しく晴れた6月のある日、本田は冷凍パックしたサンプルを車に載せ、信州大学に向かった。上信越自動車道の松本インターチェンジを出て約20分。大学の駐車場に車を止めたのは、つくば市を出発して約4時間後のことだった。

医学部附属病院は本田が大学を去った後に改築され（後で聞くと、基礎医学系の棟は改築前だった）、法医学教室への行き方が分からなかった。太田准教授に電話をかけると「病院入口のロビーで待っていてほしい」と言われ、少し待つことにした。病院の雰囲気は、本田がいた頃とは変わり近代的になっていた。17年間、ここを訪ねたことがなかった。

いや、正確に言えば、訪ねることができなかった。三澤教授の指示で大阪大学医学部助教授として若杉教授の教室に異動が決まると福島教授は激怒し、本田を絶縁状態にした。同門会の名簿からも除名され、足を踏み入れることができなかったのだ。本田が自ら望んだものと、福島教授は誤解したのかもしれない。

当時の寂しさを思い出していると、太田准教授が歩いてきた。その笑顔を見たとたん、懐かしさがこみ上げた。助手として入った時、彼は講師だった。本田は当時、福島教授を事細かに実験に口をはさむ少し煙たい存在に感じていた。助手にとって教授とは、たいていそういうものだろう。福島教授は特に几帳面な性格で、電気泳動のバンドが少しでも傾いていたりバンドの両端が膨らんでいると、直ちにやり直しを命じた。妥協を許さない厳しさは、いま思うと、福島教授が実験に真摯に向き合う研究者の証だった。それでも、若い本田は福島教授に叱られ落ち込んだ。それを慰めてくれたのが太田講師だった。彼がいたから福島教授の指導にも耐えられた……感謝の気持ちでいっぱいになった。

信州大学の法医学研究室の部屋数は昔から多く、部屋も広かった。助手のポストは本田の他に1～2人分あった。本田と福島教授、事務員の他、麻酔科医や整形外科医、内科医なども法医学研究室に学びに来ていた。たくさんの医師と交流がありとても賑《にぎ》やかで、本田も大きな刺激を受けた。しかし、太田講師は1年半後に米国に留学した。彼が帰国する前に本田も大阪大学に移った。それ以降、学会などで顔を合わすことはあったが、連絡を取り合うことはなかった。

その太田准教授も今や、免疫性疾患のＤＮＡタイピング（型判定）では多くの発見を成し遂げ、ＨＬＡ研究では世界的権威者として名が知られている。挨拶を交わした本田は、オアシスにたどり着いたかのような束の間の癒しを味わった。たった一人で孤独な闘いをしているような状況にあったからだ。

研究室に入ると、早速チューブを取り出した。

「どうかよろしくお願いします。非常に古く、検査が難しいサンプルですが、大変に重要なものなのです。少しでも類縁関係の可能性があるかどうかが分かれば助かります。サンプルＢは比較的状態がよいものですが、サンプルＡは劣化が強いものです。サンプルＣはやや劣化しています。分かる範囲でいいので、よろしくお願いします」

「分かりました。可能な方法を選択しながらやってみます」

サンプルＡとＢは、チューブにわずかに付着していた試料を水で薄めたものだ。果たして鑑定可能なのか。不安はあったが、太田准教授は見事に型判定した。サンプルＢから出した型は「1.1－1.3」で旧鑑定と一致したのだ。科警研のＨＬＡ・ＤＱα法は正常に型判定できていた。それなのになぜ、肌着を未鑑定としたのか。疑惑はここにある。肌着遺留精液の結果も気になるはずだ。

他に、太田准教授が第一段階で判定したのはサンプルＣで、「3－3型」だった。サンプルＡからは最初、明確には出なかった。本田は残っていた溶解液を少し濃縮し、追加サンプルとして再度郵送して試してもらっていた。その結果を心待ちにしていたのである。難しい鑑定をしてくれた太田准教授に感謝しながら、マウスでパソコンの画面をスクロールした。視線は画面に映し出された文字を追いかけていた。

《サンプルＡについてはＤＱα「３－Ｘ型」。これはＤＱα３型と、それ以外の複数の分子が含まれているという意味です。したがってＡは３－３型かあるいは３と別の型かもしれません。バックグラウンドノイズが出ているだけとすると３－３の可能性が高いです》

本田は電話で、より具体的には３－３型の可能性が高いことを確認した（なお、ＨＬＡには数値で表記される型と、αなどの記号で表記される型との二つある）。

肌着遺留精液（３－Ｘ）と菅家さんは違う型であることが、ここでも明確になった。さらに、サンプルＣは肌着の遺留精液と一致している可能性が高い。ＨＬＡ・ＤＱα法による検査でもやはり、真犯人としてほぼ矛盾しなかったといえる。

科警研による鑑定は、菅家さんを任意同行する前に行なわれた。ＭＣＴ１１８法による判定で肌着遺留精液と菅家さんの精液のＤＮＡ型が一致したと結論した。この時、ＨＬＡ・ＤＱα法でもきちんと判定していれば、両者が明らかに異なると分かったはずだ。防ぐことができた冤罪だった。

太田准教授が用いた試料は、チューブに付着したごく微量なＤＮＡである。科警研が当時試料として使えたのはもっと新しく、量も十分だったはずだ。「鑑定できなかった」というのは本当だろうか。なぜなら、太田准教授の結果では、Ｂ（菅家さん1.1－1.3）、Ａ（肌着遺留精液３－３）＝Ｃ（清水記者からの男性試料３－３）であったからである。つまり清水記者からの検査を依頼された男性由来試料のＨＬＡ・ＤＱα型と一致しており、また菅家さんの型とは異なっている。もし科警研がＨＬＡ・ＤＱαの検査を実際は行なっていて、菅家さんと肌着遺留精液の型が不一致である結果を知っていたとすれば……。

鑑定人尋問

２００９年10月21日、宇都宮地裁で再審初公判が開かれた。拘置所に収監されていた菅家さんが１９９２年の年明けから家族に送り続けた14通の手紙すべてを、弁護人が丁《てい》寧《ねい》に読み上げた。

「私は、これから先は親孝行をしていくつもりです。親父のぶんまでお袋に親孝行をしていきます。親父が亡くなったことは残念です。私は犯人ではないにもかかわらず、それを伝えることなく、死に目にあえなかったことも非常に残念でした」

父親への思いを綴《つづ》ったくだりにさしかかると、菅家さんの目から熱いものがこみ上げそうになったが、歯を食いしばってこらえた。

母親は白内障を患っており、あまり目が見えなくなっていた。「人を手にかけるような息子じゃない」――ひたすら息子の無実を信じ、帰ってくる日を待ってくれていた。その母も、菅家さんが刑務所を出る2年前に帰らぬ人となっていた。

裁判長に罪状認否を問われた。

「私は殺していません。真犯人は別にいます」菅家さんは答え、さらに、用意していた文章を読み上げた。

「どうか、冤罪に苦しむ人が二度と生まれないように、足利事件の真実を明らかにして私の納得のいく無罪判決を下していただきたいと思います」

冒頭陳述で検察は、それまでとは掌《てのひら》を返したように、「一刻も早く刑事手続きから解放することが菅家さんの利益」と主張した。

その後、弁護側は再審請求審で却下された本田、鈴木両鑑定人の尋問を請求し、検察は科警研の福島所長の証人尋問を請求した。裁判官はいずれも認め、前者は第2回公判、後者は第3回公判に実施することが決定された。

11月24日の第2回公判では、鈴木教授と本田に対して、午前と午後にかけて鑑定人尋問が行なわれた。検察官の論点は〝本田鑑定は汚染した外来細胞の型を検出しただけで、精子の型は検出していない〟ということに集中した。

この過程で、2人の再鑑定書が提出された後、真実ちゃんと母親のMCT118部位の鑑定をしたことを福島所長は再審の法廷で明らかにし、真実ちゃんは18－31型、母親は30－31型だったと認めた。本田が予想していた通り、極秘に鑑定していたのだ。この証言を受け、佐藤弁護士は「とすれば、科警研が出した18－30型は、真実ちゃんか母親の型を誤って検出した可能性はありませんか」と質問したが、それについて明快な回答はなかった。

本田は尋問で、Y-STR法で男性由来細胞の型を選択的に検出していること、最も優勢な型は一貫した結果であることを強調し、それは真犯人由来の可能性が極めて高いことも指摘した。検察官は鑑定書の細かな誤記などを見つけて攻撃したが、本田は不明瞭な結果も含めて、鑑定書には出たデータをありのままに記載したことを繰り返し説明した。

鈴木鑑定人の尋問では、前述のように助手に実験を任せていることが弁護人の質問によって明らかになった。ＭＣＴ１１８法はやっていないと、本田への連絡とは異なることを述べた。本田に嘘をついたのか、法廷で嘘をついたのか。本当はやっているとすれば、この論争を避けたい検察官に説明を止められたのかもしれない。

鑑定崩壊

１カ月後の12月24日、第３回公判で福島所長の尋問が行なわれた。福島所長の証言によっては対質尋問（注１）を請求することを予定していたので、本田も傍聴席に座った。

「証人は、かつて本田鑑定人の上司であった過去があったと思いますが、本田鑑定人についてはどう思われていましたか」冒頭、佐藤弁護士が質問した。

「問題がある、と思っていました」福島所長の答えに本田は憤慨したが、佐藤弁護士はあえてその中身については質問しなかった。悪感情を持っていたとすれば、いたるところで本田の評判を落としていた可能性もある。検察官や裁判官の態度も仕方がないと納得した。そしてその影響は、後に述べるが、本田の地元の茨城県警へも波及していた。

「科警研が鑑定した当時、半袖下着には精子以外に何のＤＮＡが付着していたと考えられますか」

福島所長からは明確な答えが得られず、佐藤弁護士は続けて聞いた。「〔旧鑑定書には〕『以上の精液及び膣液検査の結果から半袖下着の斑痕には少量のヒト精液のみが付着していることが証明された』とあります。それ以外に考えなければいけないのは、被害者のDNAの存否じゃありませんか、という質問です。違いますか」

「それは、可能性としては分かります」

「科警研は、半袖下着のDNA抽出には二段階抽出を用いていないわけですね」

「その通りです」

性犯罪捜査などの場合、科警研や科捜研では現在、STR法でY染色体から男性だけのDNAを抽出する鑑定方法をとっている。しかし、足利事件の頃はまだ、そのような方法は確立していなかった。だから、性犯罪捜査などの鑑定で犯人や被害者のDNA型を特定する際に、もしも女性由来細胞が多数含まれている場合には二段階抽出法を行なう必要があった。そのことは、鑑定を手がける科警研の技官たちには常識であるし、念頭に置くべきことだった。

「そうすると、二段階抽出を採っていないから、被害者のDNAもそのまま残っていることになりますね」

「その通りです」

「では、科警研が抽出したＤＮＡが男性由来である科学的根拠は何ですか」

「確か、精液の抗体検査をやっています」

「抽出したＤＮＡについて聞いているんですよ」佐藤弁護士は鋭く切り返した。「男性由来かどうかの確認は取れていないわけですね」

「それはそうです。昔は、ＤＮＡ鑑定はＭＣＴ１１８法しかやっていませんから」

肌着には、着ていた人の皮膚細胞や体液などが当然付着しているはずである。肌着に犯人と真実ちゃんのＤＮＡが混在している可能性を前提にした鑑定やその解釈を行なうべきだったが、それを怠っていた。そのうえ、誤りが生じうる方法で電気泳動させ、バンドにぼやけやゆがみがあるにもかかわらず赤点を付け〝一致している〟ように見せ、データを書き加えた。科警研が二重の間違いを犯していたことが明らかになった。

９００ng

「証人は、今回その立場上、本件における当時の科警研のＤＮＡ鑑定の内容を検証して尋問に臨んでいらっしゃいますね」佐藤弁護士に続き、笹森弁護士が質問に立った（なお、福島所長は再審後に警察庁内に設置された足利事件検証委員会の委員長として、当時の科警研の鑑定を調査した）。

「はい、その通りです」福島所長は神妙に答えた。

「東京高等検察庁を通じて科警研から当時のデータを開示されましたので、それについてお伺いします。これは、半袖下着の『１－ア部分』から吸光度計［紫外線を吸収するＤＮＡの性質を利用して濃度を測定する機器］による抽出ＤＮＡの濃度を計測したものですね」データを示しながら笹森弁護士が質問した。

「その通りです」

「左上の『60ng』がＤＮＡの抽出液の量で、右下の数字は１μl当たりに換算したＤＮＡ量ですね」

「その通りです」

「ここには二つの数字が書かれていますが、１μl当たり約15ngくらいとしても、両者を掛け合わせると９００ngのＤＮＡ収量と見込まれますね」

「その通りです」

控訴審における向山元技官の証言が覆った。ＤＮＡの量は30ngだったと言ったが、本当はその30倍はあったことが判明した。笹森弁護士はさらに畳み掛けた。

「1回のPCR増幅量で、電気泳動は2回以上できますよね。できますか、できませんか」

「これは、ヒトのDNAかどうか分からない、という前提があるんです」

「そういうことを聞いているのではありません。1回のPCR増幅で電気泳動は2回以上できますか、できませんか、と聞いています」

「1回の電気泳動で2回は、この量からすると。ただ、ヒトのDNAではないと思います。量が多いですね」

「だから、それをこれから聞くんじゃないですか。1回のPCRで7・5ngを使ったとしても、今お見せしたものでいけば、PCR120回分に相当します。すると電気泳動はその2倍である240回できますね。ところが科警研のDNA鑑定では、半袖下着についてはは4回分の電気泳動写真しかありません。そして全量消費したというのですから、残りは試行《トライアル》で使い切ったと考えられますね」

「その通りです」と福島所長は繰り返した。

旧鑑定書はHLA・DQα法をしなかった理由として「全量消費」を挙げていたが、それも崩れた。そもそも、肌着から抽出し直さなくてもDNAの量は十分にあったのだ。

「証人は菅家さんに謝ることができますか」佐藤弁護士の問いに、福島所長は答えた。

「申し訳ないが、謝ることはできない」

この言葉は、福島所長の立場を明白にするものだった。警察の捜査だけでなく裁判においても、その判断を誤らせた元凶は科警研のＤＮＡ鑑定であった。本件裁判において菅家さんに真っ先に謝罪すべきは科警研ではないだろうか。それをせず、菅家さんの無罪が科学的にも証明されたのに、なお旧鑑定は誤っていなかったと主張することが、警察庁や検察庁から託された福島所長の使命であったのかもしれない。

福島所長が証言する姿を目の当たりにした本田は、その内容を聞き、旧鑑定に対する疑心をさらに深めた。〃ＭＣＴ１１８検査を2回だけ〃などありえない。当時、鑑定を行なった科警研の技官がＤＮＡ抽出量を偽証してまで隠さなければならなかったのは、何回も繰り返したＭＣＴ１１８法による検査データとＨＬＡ・ＤＱα法による結果ではなかったのか。もしかしたらＭＣＴ１１８法でも違うデータがあったのかもしれないし、ＨＬＡ・ＤＱα法による検査ができなかったというのも嘘だろう、と。

「非常に深刻に思っているところです」

事件の真相解明のために、当時の警察官や検察官、科警研技官らの出廷は欠かせないと考えた弁護団は、彼らを証人要請した。しかし、応じたのは森川元主任検事だけだった。

2010年1月22日の第5回公判で、菅家さんは森川元検事に直接尋問する機会を与えられた。一審判決で無期懲役が言い渡された1993年7月7日以来の再会だった。その時も宇都宮地裁だった。しかし、立場が逆転した。その時は真実ちゃん殺害の真意とその責任を森川元検事に追及された。今度は菅家さんが冤罪の責任を追及する番だ。

「森川さん、私は17年半もの長い間、無実の罪で捕まっていました。あなたは、このことをどう思いますか」背筋を伸ばし、獄中で背負ってきた自分と家族の思いをぶつけた。

「私は、当時主任検事として、証拠を検討し、その結果、菅家氏が真実ちゃん殺人事件の犯人に間違いないと起訴し、公判に臨んだわけですが、今回、新たにDNA鑑定で、犯人ではないと分かって、非常に深刻に思っているところです」森川元検事はうつむき加減で、淡々と答えた。

「自分に無実の罪を着せたことについて、謝ってください」言葉は丁寧だが、森川元検事の一挙手一投足を見つめる菅家さんの視線は鋭かった。

「先ほどの通り、証拠を見て、あなたを犯人と認める状況でした。それを疑う要素はなかった。その後に、新たな証拠が出たもので、私も深刻に、厳粛に受け止めているところであります」森川元検事は同じ言い訳を繰り返した。

「なんで利和がこんなことをしてしまったのかと情けなく、悲しくてなりません。今すぐにでも死刑にしてもらって箱に入れてもらって帰って欲しいと思っているのです」

息子が犯行を認めた、裁判でも維持する状況だと、菅家さんの母親は検事や刑事から知らされた。無実を信じながらも母親は戸惑い、91年12月12日の森川検事の事情聴取でこう語った。心にもないこんな言葉を母親の口から出させたことに、菅家さんは胸がしめつけられる思いがした。〃殺人犯〃の親のまま逝かせてしまった両親の顔がまぶたに浮かんだ。

「森川さん、私の家族にも謝ってください。苦しんでいる」菅家さんは固唾を呑み、元検事の言葉を待った。

「今、申し上げた通りです」――まるで心が入っていない。菅家さんはあえて聞いた。

「森川さん、あなたは反省していないのではないですか」

検察は無罪を立証するため、森川元検事を出廷させて臨んだ。しかし、再三にわたる謝罪要請に、東京高検の山口幹生検事が〃異議あり〃と言わんばかりに、「裁判長、立証趣旨との関係で質問の趣旨が分かりません」と横やりを入れた。

「あなたは黙っていてくださいよ、関係ないでしょう！　森川さん、反省してないんで」

たまりかねて菅家さんは叫んだ。

「質問を認めます。反省をしていないのですか、という質問です。答えてください」佐藤正信裁判長が山口検事と菅家さんを制止し、森川元検事に証言を求めた。

「いま申し上げた通りです」元検事の言葉は変わらなかった。

最後の質問で、菅家さんはこれまで一日たりとも忘れたことがない言葉をぶつけた。

「あなたは、取調べの際に私のことを『人間性がない』と言った。人間性がないのはあなたの方ではないですか」

間違って他人の人生を狂わせながら謝りもしない。口をつぐんだまま答えようとしない元検事に、菅家さんは畳み掛けた。「私は怒っています。何とか言ってください」

元検事はやっと口を開いた。歯切れが悪い。「私は、あなたに人間性がないと言ったことはないと思うが……」

菅家さんはピシャリと説き伏せた。「言ったから、〔こう〕言ってるんです！」

元検事の口は横一文字にしまり、その後開くことはなかった。

無罪

親父《おやじ》……。

50席全てが埋め尽くされた宇都宮地裁の傍聴席に、いるはずもない父親の姿を探した。生きていてくれたら……。そう思うと、菅家さんはたまらなかった。塀の外に出て、かれこれ10カ月になろうとしていた。

２０１０年3月26日午前10時過ぎ。全ての審理が終わり、〃足利事件の犯人〃という汚名を着せられた菅家さんの再審判決の瞬間《とき》が来た。

「主文、被告人は無罪」

静まりかえった法定内に響いた佐藤裁判長の声が、〃もう我慢しなくていいよ〃と菅家さんには聞こえた。ずっと我慢し続けていたものが頰を伝わった。

「通常ですと、判決宣告後に裁判長は、将来について適当な訓戒ができるということになっていますけど、本件については、自戒の意味を込めて菅家さんに謝罪をさせて頂きます」

公判の最後、佐藤裁判長が優しい口調で語り出した。

「菅家さんの真実の声に十分に耳を傾けられず17年半の長きにわたり、その自由を奪う結果となりましたことを、この事件の公判審理を担当した裁判官として、まことに申し訳なく思います」壇上の裁判官3人が静かに立ちあがり、菅家さんに向かって頭を下げた。

「申し訳ありませんでした。このような取り返しのつかない事態を思うにつけ、二度とこのようなことを起こしてはならないという思いを強くしています。菅家さんの今後の人生に幸多きことを心より祈り、この事件に込められた菅家さんの思いを深く胸に刻んでこの再審公判を終わることにします」

無罪判決に歓声が響く法廷で、菅家さんは天井を仰いだ。聞こえるかい、親父、お袋。疑いが晴れたよ。心配かけてごめんなさい……。

引き続き読み上げられた判決文には、次のように書かれていた。

《鈴木鑑定によると、常染色体及びY染色体の各STR検査において、本件半袖下着の精液が付着していた箇所の近くから切除した三カ所の部分から、同一のDNA型を持つ男性のDNAが検出され、それは申立人とは異なるDNAであった。また、精液の付着が確認されていない部分からはDNAが抽出されなかった。

本田鑑定によると、MCT118型、Y染色体のSTR検査及びミトコンドリア検査において、本件半袖下着の精液が付着していた箇所及び上下の部位から切除した三カ所以上の部分から同一のDNA型を持つ男性のDNAが検出され、それは申立人とは異なるDNAであった。

なお、鈴木鑑定及び本田鑑定により抽出された各男性DNAは、両鑑定に共通するY染色体の6STRの型がいずれも一致したため、同一のものであることが推定される。

検察官は、本田鑑定の信用性を争うものの、鈴木鑑定については信用性を争わないという。鈴木鑑定のみによっても、申立人のDNAと本件半袖下着から検出された男性DNAの型は一致していないこと、その男性DNAは精液の付着が確認されている箇所に近い三カ所の部分から抽出されていること、精液の付着が確認されていない部位からはDNAが抽出されていないことが認められ、鈴木鑑定を用いた精液のDNAの抽出方法については検察官も適切なものであると認めていることなどを併せ考慮すると、上記の男性DNAが本件の犯人のものと思われる遺留精液から抽出された可能性が高く、その型は申立人の型と一致しないことが認められる。そうすると、本田鑑定の信用性について判断するまでもなく、申立人は本件の犯人ではない可能性が高いということになる》

無罪の知らせを聞いた本田も、ようやく肩の荷が下りた気がした。同時に、それにしても……と、思い巡らさざるをえなかった。

裁判所が再鑑定について意見を求める前まで、菅家さん犯人説の他に意見を差し挟む余地無しの構えの検察だった。ところが抗告審で、再鑑定にはあえて反対しないがＳＴＲキット以外の鑑定はさせないなどと条件を出し、科警研所長の推薦で鈴木教授を対立鑑定人として立て、検察に有利になるように進めた。ところが、鈴木教授も旧鑑定と異なる結果を出した。多くの葛藤があったと思われるが、鑑定結果をそのまま出した鈴木教授の決断は称賛に値すると思う。そこで検察は、弁護側に先手を打ってメディアに再鑑定の結果をリークし、菅家さんの刑を停止させた。そして鈴木教授には、科警研の名誉とＭＣＴ１１８法だけは守ってくれと約束させたのだろう。しかし、本田は鈴木教授の依頼を断った。そこで以後は本田を標的にし、鑑定を葬り去ろうとした。鈴木教授と福島所長の間で多くの議論が交わされ、試料と情報の共有が行なわれた可能性は否定できない。

さらに言えば、鈴木教授と本田が再鑑定を行なった後、本田には、残りの肌着の試料を直ちに返還するよう裁判所から請求された。その肌着は今、検察の管理下にある。鈴木教授の試料はどうなったかは分からない。遺族が肌着の返還を求めても、検察は応じていないという。だからといって、捜査を継続している気配もない。証拠の肌着を永遠に封印したいという意図が見える。隠したい何かがまだそこにある。

本田からみても、足利事件は再審決定前の異例の釈放といえた。それは鈴木鑑定をも動かすことができなかったからこその、やむをえない仕儀であったのだろう。直意は、足利事件の冤罪の原因究明を阻止し、その原因が関わる飯塚事件など他の事件へ飛び火することを食い止めて終結を図りたかったのではないか。それゆえに、科警研の誤りを暗に指摘する本田潰しだけは執拗で、簡単にあきらめることもなかった。そしてこの後も、本田の法医学者としての生命を絶つような攻撃を、延々と積み重ねていったのである。

バッシング

科警研や検察の影響もあったのか、本田は法医学界のなかでも四面楚歌の状態だった。その最たるものは、かつて日本法医学会理事長を2期務めた塩野寛氏による２０１０年6月30日付『東京新聞』の《肥大するＤＮＡ捜査》《危うい運用　法制化急務》と題する特集記事に付けられたコメントだ。それを読んだ本田は目を見張った。

《実は足利事件の再審請求審で、弁護団からDNA型再鑑定の依頼があったが、断った。証拠物の保存状態が悪く、鑑定をやったところで、真実のデータは得られないと思ったからだ。犯人のDNAに捜査関係者のDNAが混じっている汚染の可能性もあった。DNA型鑑定では汚染が一番怖い。私が断った後、筑波大で再鑑定され、菅家利和さんとは違うDNA型が出たが、本当は誰の型なのかは分からない》

すでに結審しているのに、あまりにも暴言だった。本田の連絡を受けた佐藤弁護士は直ちに対応し、当時、旭川医科大学の教授であった塩野氏にDNA鑑定を依頼したことはないという事実が明らかになった。

弁護団が東京新聞に7月1日付で抗議と訂正の申入れを提出したところ、7月13日に上記コメントを全部削除するとともに、菅家さんと弁護団、そして本田に対する「お詫びと訂正」が同紙に掲載された。

しかし、6月30日付の記事そのものに佐藤弁護士は腹を据えかねていた。また、「お詫び」は東京新聞からであり、塩野氏からではないことも問題となった。塩野氏に慰謝料請求しようという意見も弁護団のなかから出たが、笹森弁護士が仲介に入り、思いとどまることになった。

記事の真相を究明することなく、中途半端な謝罪で終わったことに、本田は少し不安が残った。なぜ塩野氏がこのようなコメントを書いたのか、今に至るも謎である。誰かに入れ知恵されたとしか思えない。それにしても、どうしてここまでバカにされなければならないのか、と本田は悔しさを噛み締めた。

（注1）被告人や証人などの証言に食い違いがあるとき、裁判長が必要と認めた場合に行なわれる。証言の当事者が対質尋問を裁判官に求めることができるが、それを認めるかどうかは裁判官の判断による。

第9章　水面下の動き

横山ゆかりちゃん事件

判決直後の2010年4月、最高検察庁は検証報告書「いわゆる足利事件における捜査・公判活動の問題点等について」を発表した。この中で最高検は、《余罪2事件も、本件の犯人と同じ犯人による連続殺害事件である可能性もあり、かつ昭和62年にも足利市にほど近い群馬県の現太田市内でも同様の事件が発生するなど、同事件を含めて同一犯による連続事件の可能性もうかがわれる状況にあった》と記した。

最高検がいう《余罪2事件》とは、福島万弥ちゃんと長谷部有美ちゃんの事件だ。宇都宮地検は起訴しなかったが、どちらも立件しようとした栃木県警の捜査員たちは検察の判断に大いに不満を持った。〝同一犯の連続事件〟も視野に入れ、捜査していたからだ。

国会では、1979年から96年の間に栃木と群馬の県境で起きた次の5つの未解決事件の同一性をさぐる動きが出始めた。

79年8月　栃木県足利市　福島万弥ちゃん　5歳　殺害

84年11月　栃木県足利市　長谷部有美ちゃん　5歳　殺害
87年9月　群馬県尾島町　大沢朋子ちゃん　8歳　殺害
90年5月　栃木県足利市　松田真実ちゃん　4歳　殺害
96年7月　群馬県太田市　横山ゆかりちゃん　4歳　行方不明

女の子たちが失踪あるいは遺体で発見された場所は、栃木・群馬両県南部の県境で、半径10キロメートルの範囲内にある。車を走らせれば〝すぐそこ〟の位置にある。共通点は次の6つだ。①被害者が幼女、②連れ出された場所のうちパチンコ店が3件、④絞殺が3件（残りの1件は遺体が白骨化して死因不明、もう1件は行方不明）、⑤遺体発見現場は渡良瀬川河川敷の葦の草むらが3件、⑥犯行日は週末から日曜、祭日にかけて——。

先の4事件は公訴の時効が成立した。しかし、2010年4月の刑事訴訟法改正によってそれが廃止されたいま、ゆかりちゃん事件は継続している。

2010年5月から、清水記者は月刊誌『文藝春秋』で「足利事件キャンペーン」を始めた。1年間にわたるその連載のなかで、ゆかりちゃん事件に関する記事もあった。

七夕の朝、父親の保雄さんが「七夕感謝デー」と銘打ったパチンコ店のチラシを目にしたことが、ゆかりちゃんと家族の運命を変えることになった。家族でデパートに行く予定だったのを変更し、両親は午前11時前、ゆかりちゃんと次女を連れて太田市内の国道沿いのパチンコ店に入った。ゆかりちゃんは景品コーナーで花火セットを見つけた。

「取ってやる」父親が言うと大喜びし、その後はパチンコ台にいる両親と景品コーナーの間を行ったり来たりした。

昼過ぎ、母親はゆかりちゃんを店内の長椅子に座らせて、おにぎりとジュースを与えた。台に戻ってしばらくすると、ゆかりちゃんが母親の傍に来て耳元でささやいた。

「優しいおじちゃんがいる」

「ついていっちゃいけないよ」母親の注意に頷いて、ゆかりちゃんは長椅子に戻った。間もなくして母親が長椅子の方を見ると、娘の姿はなかった。おにぎりとジュースが残されていた。両親はゆかりちゃんを必死に探したが見つからず、午後2時10分に父親は近くの交番に駆け込んだ。以来、ゆかりちゃんの消息はわからない。

ところが、パチンコの防犯ビデオにゆかりちゃんに話しかける男が映っていた。野球帽をかぶり、サングラスをかけていた。重要参考人としてテレビでも男の映像が流された。

足利事件で真実ちゃんを目撃した一ノ瀬さんも映像を見た。男の歩き方や姿勢が似ている――。足利事件と横山ゆかりちゃん事件を結びつける、唯一の手がかりだ。

現在、自治体警察を束ねる警察庁が音頭を取って情報を集約し捜査に当たる、広域捜査が行なわれている。しかし当時はそれが徹底されていなかったため、栃木県警と群馬県警は連携できず、情報の共有もなかった。未解決5事件について、国や捜査機関が同一犯の可能性が高いという見解を示したのは、2011年3月だった。

中野寛成《かんせい》・国家公安委員長（当時）は、参議院予算委員会で有田芳生参院議員（民主党）から一連の事件について質問され、「一般的には同一犯による犯行の可能性が否定できないものというふうに警察としても認識しております」と答えた。さらに、菅直《かん》人首相（当時）も同委員会で、「今後の同一の、同種類の事件を防ぐという意味からも、必要なことについてはしっかりと対応することが警察においても必要」と述べた。

国家公安委員長らの〝連続事件〟発言に、ゆかりちゃんの父親の保雄さん（当時44歳）が、「国が同一犯の可能性が高いと認めたのならば、再捜査をお願いしたい」と反応した。他の4家族にも、「スクラムを組んで動いたら何とかなるかもしれない」と手紙を送り、5事件の家族結束を呼びかけた。6月29日には被害者家族会が結成された。真実ちゃんの母親は、「子どもは純粋無垢で疑うことを知りません。天使の笑顔の代わりはないのです。笑顔が守れる安心な街にして頂きたいと思いました」とコメントを出した。

栃木、群馬の両県警にとって、他人事では済まされなくなった。

群馬県警

2011年7月20日午後、群馬県警本部刑事部の捜査幹部3人が筑波大学医学部に向かった。本田に会うのが目的だった。

数日前、本田のもとに同県警から一本の電話が入った。面会の目的は告げられなかったが、足利事件、特に被害者の肌着の鑑定データのことだろうと本田は思った。清水記者の連載記事が佳境に入り、警察も黙ってはいられなくなったに違いない。遅かれ早かれ、いつかはどこかの警察か検察が来るのではないか、と予想していた。

群馬県警の3人は、約束の時間に寸分違わず来た。研究棟の1階事務室に入った彼らは、頭を下げながら名刺を本田に渡した。捜査一課強行班捜査指導官兼広域捜査官と同課重要事件特別捜査班長、そして科学捜査研究官だった。本田も挨拶しながら名刺を渡した。

「難しい話だと思いますので、人目のつかないところの方がいいでしょう」本田は資料の倉庫に使っていた10畳ほどの窓のない個室に3人を案内し、ソファを勧めた。

もともとは工作室の一部を間借りした部屋で薄暗く、見るからに地下倉庫といった感じの部屋だった。掃除も行き届いておらず埃《はこり》っぽい。しかし、他人に聞かれたくない捜査上の話になりそうなだけに、本田にとってはこのような面談に都合のよい場所だった。白衣姿の本田は、3人に対峙するようにゆっくりと腰を下ろした。

「私どもは群馬でゆかりちゃん失踪事件の捜査をしています。足利事件との関連性も疑って、広く事実を集めたいと思っているのですが」警察から切り出した。『文藝春秋』の記事は本当ですか。データを記録した表が欲しいのですが。それを見せていただけませんか」

「記事は本当です」本田はさらりと答えた。記事はすでに公表されているし、また清水記者の信用性にも関わることから、隠し立てしない方がよいと判断した。しかし……。

「データが必要な理由は何ですか」本田は尋ね返した。

「足利事件ではなく、ゆかりちゃん失踪事件の手がかりを摑《つか》む材料にしたいのですが」

防犯ビデオの話は本田も知っていた。その男はたばこを吸っていた。捜査本部は店内の吸い殻を全て押収しDNA鑑定をしたが、該当者は見つかっていないという。

鑑定を依頼されるのではと内心期待していたが、データの提供を求められただけだったので、本田は正直落胆した。清水記者らが追いかけている〝真犯人〟の試料を群馬県警が入手しているのなら分けてもらいたいとも思ったが、口にはしなかった。一方で、捜査の先行きに不安も抱いた。警察は鈴木教授のデータと照合するのではないか。そうなればクロをシロにしてしまい、事件は迷宮入りする危険がある、と。すでに述べたように、再鑑定で出た真犯人とみられるＤＮＡ型は、２人の結果がいくつか異なった。その多くは常染色体ＳＴＲ検査である。本田は鈴木鑑定の誤りを確信していた。本田とは異なる結果を出している鈴木鑑定では、真犯人の型が合わない事態になる。

清水記者からもその男由来とされる細胞がついたマスクなどをもらっていたが、由来が不確かで量も微かしかなく、やや劣化していたので、確信を持つには躊躇する。警察が入手したものなら、由来は確かだろう。いや、もしかしたら――と本田は思った。すでに不一致という結果を出している可能性もある。鈴木鑑定と型が合わなかった時点で、公にすることは永遠にないであろう。

そこで邪魔になるのは、足利事件の再鑑定で本田が明らかにした真犯人の型である。警察・検察は一貫して、鈴木鑑定は正しく本田鑑定は誤っているという方針だった。本田鑑定を潰しておかなければ、警察に対する批判が強まる。本田のデータを群馬県警が抱え込めば、表に出ることはない。仮に真犯人は逮捕されないとしても、警察の〝名誉〟は守れる——最悪のストーリーが本田の頭をよぎった。警察や検察は真犯人の逮捕よりもメンツを守る方を優先させることがあるのを、本田は知っていたからだ。

そうなれば、この同じ太陽の下で、真犯人は自由人のままに安心して生活し続ける。試料の提供を求められおそるおそる提供した後、警察から何の音沙汰もなければ、絶大な自信を持つはずだ。〝DNA鑑定では犯人だとばれなかったのだな〟と。

正しい鑑定を急がなければ取り返しがつかない。後で改めてDNA鑑定を行ない〝DNA型が合ったからお前が犯人だ〟と言っても、男は警察が嘘をついていると思うだろうし、自白もしないだろう。〝優秀〟な弁護士がつけば終わりだ。逃げ切る可能性もある。警察が自分の持っている全データを欲しがるなら、真犯人とみられる男の試料を得て照合した後でなければ意味がない。本田は歯がゆくて仕方がなかった。自分なら、必ず真犯人を明らかにしてみせるのに。それが、足利事件の真犯人を検挙させることこそが、足利事件の再鑑定を行なった鑑定人として最後に果たすべき使命なのだから。

本田が色よい返事をしないことに焦ったのか、捜査員が予想だにしないことを口にした。

「目撃情報の男〔足利事件〕と、うちのパチンコ店の〔防犯ビデオに映っている〕男は、身長が違いますので両者は無関係と考えています」

データを借りにきておきながら今さら何を言い出すのかと本田は呆れた。警察の考えは新聞報道されていたから知っていた。しかしそれは建前で、足利事件とも関連づけ地道に捜査をする過程で自分の元に来たのではないか。そうも考えながら話を聞いていた。しかし、清水記者の記事を否定するなら、「ゆかりちゃん失踪事件の手がかりを掴みたい」という冒頭の説明と矛盾する。それではデータを借りる意味がないではないか。

だが、これで警察の狙いを理解できた。手がかりを掴みたいのではなく、真犯人につながる手がかりを抹消したい、ということではないか。本田は慎重に、言葉を選んで答えた。

「データを貸してくれということは、照合したい試料が存在して初めて意味があります。その試料と引き換えにするなら、データを渡すのはかまいません。それはできますか。なぜなら、同じ条件で、同一の機器で、同一の鑑定人の手によって初めて、鑑定の信頼性が成り立つからです」

途端に3人は顔色をなくした。予想外の返事だったに違いない。相手が法医学者だからといって、警察も捜査試料を容易《たやす》く渡せるわけがない。また、鑑定の結果が一致したとなればその手柄は本田になり、群馬県警は検察庁の怒りを買う。

「上と相談してみます」3人は本田の交換条件に返事することなく、そそくさと帰った。

自分のところに来たのは捜査のためだったのか、それとも事件を闇に葬り去るためだったのか、本田には分からない。しかし、検察や警察が鈴木鑑定に絶大な信頼を置いている以上、清水記者が追いかけている男は真犯人ではないと思っているはずだ。こんな情けないことはない、群馬県警も鈴木鑑定の呪縛に絡めとられている――本田はなんとも言えぬ脱力感を覚えた。

検察の使い

それから3カ月ほどして、思いもかけない人から大学の研究室に電話が入った。

「お会いしたいのですが」と、電話の向こうで名乗ったのは、足利事件の被害者である真実ちゃんの母親だった。

清水記者たちの助力によって、真実ちゃんのへその緒や母親の口腔粘膜を提供してもらい、親子鑑定ができた。本田もお礼を言いたいと考えていた。そこで、翌週の10月14日午前10時に大学に来てもらうことにした。

20年もの間、大切な娘を殺したと思っていた男が実は無罪で、真犯人は別にいる――突然そんなことを知らされた母親の胸中を思うと、本田も切なかった。

「捜査はどうなりましたか。真犯人は捕まったのですか」そう母親が尋ねても、時効の壁が立ちはだかり、警察も検察もどうしようもないという。ならばせめて、大事な娘の形見である肌着を返してほしいと検察に求めても断られ、捜査当局に対して不満を募らせているというのが、本田が聞き及んでいた被害者遺族の近況だった。科警研が杜撰な鑑定さえしていなければ、母親にそんな不幸を背負わせることもなかったのに。法医学者として、本田は忸怩《じくじ》たる思いを拭《ぬぐ》えなかった。


「宇都宮地検の三席検事が先生にお会いしたいそうです。会ってもらえませんか」

内心、本田は驚いた。大学に来るなりこう言われるとは思ってもいなかった。

「三席検事がどんなご用件なのでしょうか」戸惑いながら本田が尋ねると、「先生が行なった再鑑定の詳しいデータをいただきたいそうです」と説明した。

本田は3カ月前に群馬県警が来たことを思い出した。用件は一緒のようだ。警察がだめなら、今度は被害者の母親を寄越《よこ》すのか……。連動しているように感じた。

「何のために要《い》るのでしょうか」

「真犯人の捜査に役立てたいということだと思います」

「照合するデータがない限り、私のデータは何の意味もないはずです。それとも、それらしい真犯人が見つかっていて、そこから試料が取れる目処《めど》が立っているのでしょうか。私の大事なデータを何に使うか、具体的な説明もなしに渡すことはできません。それをどう使うか説明していただければお渡ししてもいいです。それを聞いてもらえませんか」

本田は条件を出した。再鑑定後から検察は、本田の鑑定をことごとく潰そうとする応対だった。無罪判決後も、警察や検察が真犯人を捜査するという姿勢は微塵《みじん》もなかった。それにもかかわらず、真犯人につながるデータがほしいという三席検事の真意を測りかねた。

「もうすでにデータがあるのだったら、それを先に渡してもらうわけにはいきませんか」

気の毒に思ったが心を鬼にした。真犯人につながる大切なデータを、おいそれと渡すわけにはいかない。真犯人が逮捕される時、必ずこの肌着のＤＮＡ型と照合し、一致が証明される。その時は必ず来ると本田は信じているからだ。

「どういう形で使うのか決まってもいないのに、手がかりは何でも欲しいというだけでデータを渡してくれというのは、検察は虫がよすぎるのではないですか。そのデータをもみ消されでもしたら大変なことになります。それとも、実はすでに、真犯人として疑われている人から密かにサンプルを取っているのではないでしょうね」

「そんな話は聞いていません」

本田はさらりと話題を変えた。「半袖シャツは返してもらえたのですか」

再審判決後、母親は「捜査ができないなら娘の遺品を返してほしい」と宇都宮地検に申し入れた。証拠として押収されていた真実ちゃんの衣類や肌着のことだ。その後、7月になってようやく、「裁判所の手続きが終われば近く遺品をお返しします」と電話があった。

ところが、保管先の宇都宮地裁から証拠品を受け取った後、地検は態度を豹変させた。

「遺品はいつでも返せる状態ですが、肌着はこちらで預からせてほしい」

「お返ししますと言ったでしょう。突然、肌着だけは返せないって、矛盾していて納得できません。話が違います」

母親は抗議したが聞き入れられなかった。それどころか検察は、事件後に離婚した元夫に連絡を取り、「肌着を預かる許可をもらった」と言い出す始末だった。

「肌着の返還は、まだできないと言われています」口惜しそうに母親は答えた。

「だったら、そちらの方を先にもらったらいかがですか」やんわりと諭し、「対照試料と引き替えなら〔データを〕お渡ししてもいい、と検事に伝えてください」と念を押した。

わざわざ大学にまで足を運んでくれた母親に協力はしたかったが、自分の置かれている立場も理解してもらいたい。そう思った本田はこう打ち明けた。

「今回、菅家さんが解放されたことで、被害者は2人生まれました。1人はもちろん、事件が未解決となり不幸が癒やされないままになったお母さん、あなたです。もう1人は、ご存知かどうか分かりませんが、私です。検察庁からは足利事件の再鑑定で〝信用性のない鑑定を行なう人〟とレッテルを貼られ、専門家としての地位を葬り去られようとしています。なのに、いきなりこのような要求を検察官の立場にある人間からなされても、言葉通りに信用することはできません。ぜひ、三席検事に言ってください。もしも真犯人に関わる鑑定をやりたいのなら、他の人ではなく私に任せてくださいと」

条件付きでしか鑑定データを渡す姿勢を崩さない本田に、母親は「わかりました」と言うことしかできなかったようだ。その後、何も言ってこないところをみると、三席検事は試料の提供を拒んだのであろうと本田は思っていた。

ところが、それから数カ月後のことだ。群馬県警が真犯人として疑った男の口腔粘膜を採取し、鈴木教授に鑑定させたという情報を偶然に漏れ聞き、本田は自分の耳を疑った。

捜査機関のやり方に失望した。なぜ真実を明らかにできる技術のある人間を信用しないのか。理由は簡単だ。過去の誤ちを白日の下にしたくないからだろう。真犯人を野放しにして市民を危険にさらすより、権威を守ることを優先したとしか言いようがない。このように身勝手な保身に走ることが、いやしくも警察としてあってよいのか。

しばらく瞼を閉じ、捜査機関との不協和音に思いを巡らせた。MCT118法の研究に没頭し欠陥のメカニズムを知り尽くしている本田は、事件捜査に利用できるほど高精度なものとして完成していなかったことも熟知し、早くから警鐘を鳴らしてきた。そして、その過ちをとことん追及した弁護団に恵まれたからこそ、無期懲役の実刑が確定しながらも足利事件は時を超えて再鑑定までこぎ着け、菅家さんは無罪を得られたのだが……。

大学に介入

真実ちゃんの母親に語ったように、捜査当局の妨害は再審後、さらにエスカレートした。露骨な嫌がらせだった。

2010年10月15日のことだ。茨城県警本部の当時の鑑識課長は、警察庁幹部の犯罪鑑識官に「至急本庁まで来るように」と呼び出された。めったにないことだ。部下を連れて急いで警察庁に行くと、筑波大学法医学に委託している司法解剖の話だった。

「解剖の検査項目は、検査を実施する前に県警が項目について筑波大学から説明を受けて協議し、了解したものだけをやるように」犯罪鑑識官は意味深長な説明をした。検査項目のなかで特に問題視したのは、DNA鑑定だった。

「筑波大学では司法解剖のほぼ全例にDNA検査をしているようだが、これは禁じなければならない。そもそも司法解剖は犯罪性の有無を検査すればいいだけのことで、解剖死体のDNA検査が含まれていることがすでにおかしい。これまで指摘されなかったのはどういうことか。本来DNA検査は、科捜研や科警研がやっているので大学はやる必要はないし、一本化した方がいい。このことは今後、各大学や法医学会にも広げていく。しかし、手始めに茨城県警と筑波大学はあまりにも悪質なので、10月26日以降DNA検査の予算は執行停止にする。県警が大学に行ってよく説明するように」

数日後、筑波大学法医学の責任者である本田は、鑑識課長から説明を受けた。この問題は今後、筑波大学以外にも波及する――それを危惧した本田は、鑑識課長に返した。

「契約更新時期とは異なる時にDNA検査の予算執行停止など、契約にも反します。そもそも執行停止の理由が明らかにされていません。このような重大な決定を、指導や注意という段階を踏まず、いきなりのペナルティです。責任の所在と理由について客観的な文書をいただいたうえで、大学としてはできる限り勧告に従うべく検討したい」

県警を通した警察庁の回答は、「文書など提示するつもりはない。県警の責任であるから県警で交渉しろ」だった。文書の提出は断られたと県警幹部は説明した。

「費用を請求せずこちらの持ち出しなら、DNA鑑定をやってもいいのですか」幹部に尋ねると、「それも止めてください。お願いしますから、絶対にやらないでください」と震え上がるように答えた。茨城県警に対する警察庁の圧力を、本田は容易に想像できた。

以後、筑波大学は県警に迷惑をかけないためにも、一件もDNA検査を行なっていない。それまでは、DNA検査を含めてできる限りの検査を全て行なうという姿勢で法医学者たちが司法解剖に取り組んできた。特に解剖死体のDNA検査についていえば〝すべては疑いうる〟という精神で、できる限りの検査を心掛けた。たとえ身元が判明していても、取り違えなどあってはならないからだ。DNA検査にはアルコール不耐症の有無や血液型DNA判定、疾患と関連する検査などが含まれていた。

医学として実施するDNA検査は、捜査上のそれとは目的も方法も異なる。警察庁はDNA検査を一本化するという方針を表明したが、これらが違う以上、刑事事件捜査を主に行なう科警研や科捜研で一本化するのは心もとない。

鑑定人が全責任を有する解剖検査の内容にまで介入してきたことにも、本田は驚いた。〃予算を出している〃という立場上の強さが言わせたのかもしれない。しかし、他の大学と同様に筑波大学も解剖検査費は全て大学に納入し、検査以外の用途で使うことはできない。むしろ多額の収入は支出に困りかねない。検査の必要上、結果として多額の国費を得ていた状況だが、これはＤＮＡ検査だけでなく他の検査についても同様だ。予算獲得のために司法解剖をしていたのではない。できる限りの死因を検討するのが目的だった。

大学側としては、警察庁と対立するつもりは毛頭ない。本田は悩んだ。警察庁の指示に従うのは容易だが、筑波大学だけがこのような前例を作ってよいのかどうか。法医学会の努力で築いたその一角を崩される状況になっている。個人では判断できない内容だった。

「他の大学にも順次広げる」と警察庁側が話していることも気になった。

本田は法医学会理事会に連絡し意見を仰いだ。しかし理事会は、「警察庁の死因究明に関する研究会では、新たな制度について議論されている最中ですので、今回のご提案いただいた論点は、今後の議論の中で生かして行くことも可能かと思われます。いずれにせよ、しばらくお時間をいただければ幸いです」と棚おきにしてしまった。

法医学会からも見殺しにされたのか——寂しい思いが本田を貫いた。自分のところに火の粉が飛んでこなければいいと、知らん顔を装っているようにも思えた。ところが、それから5年後の2015年、警察庁はついに全ての大学に対してDNA検査の制限をかけ始めたのである。当時の法医学会理事長はこの時に初めて、ことの重大性を認識した。大慌てで警察庁らと協議を重ねたが、警察庁の方針を変えることはできなかった。

その過程で、筑波大学はさらに冷遇され、圧力がかけられた。

2012年7月末、当時の茨城県警鑑識課長が会計担当の係長を連れ、本田の研究室を訪れた。「筑波大学の解剖は検査が多すぎる。無駄な検査はやらないように」という警察庁の指示を伝えるためだった。具体的には、薬毒物は尿の簡易検査だけで十分だから陽性反応が出ればそれ以上やってはいけない、腐敗した死体の組織学的検査は組織が出ないから必要はない——などだ。本田は長い間、非常勤で東京都監察医務院に勤務している。そこでは腐敗死体からの病理組織検査が可能だった。警察庁の意見は的外れだ。専門家でない者が勝手な意見を言っていると、はなはだ不愉快に感じた。

「どうして警察が解剖の内容にここまで立ち入るのですか」たまりかねて本田が聞いた。

「経費削減のためと思います」

「経費を削減するなら解剖そのものを減らせばいい。検査項目を削ってもし見落としがあった場合、その責任はこちらにかかってきます。必ずしも必要がない解剖をたくさんさせておきながら、一方で必要な検査を削れというのは本末転倒ではないですか」

「……私どもは、警察庁に言われたことをお伝えしているだけですから」言い淀んだ後、課長は思いついたように言った。「たとえば前回の解剖のように、刃物で刺されたような場合には死因は明らかなのですから、疾患を調べるための組織学的検査を行なうのは意味がないのではないでしょうか」

本田は思わず声を荒げた。「解剖を知らない人に何が分かるのですか。死因が刃物によるものか、それとも病気が絡んでいるか、裁判で争われたら誰が責任をとるのですか。もう帰ってください。言われた通りにやればいいのでしょう」

「怒られたら困ります。こちらは、お願いに来ているのですから」課長は慌てたが、本田の怒りは収まらなかった。

「怒るのは当たり前でしょう。言われた通りにしますので、もう帰ってください」

「怒られては困ります。これまでのいい関係が駄目になります」課長は頭を下げた。

「これまでも〝いい関係〟であったわけではないでしょう」

「怒られたら困ります。大変なことになります」

課長の言葉は柔らかいが、脅しをかけているように感じた。答える気も失せた本田は彼らを残し、部屋を出た。

本田は思う。警察は〝刃物で刺されたような場合は、組織学的検査で病気を調べる必要はない〟と言った。とんでもない話だ。死因は司法解剖して初めて分かる。刃物で刺されても死亡するかどうか分からないし、その後、病的過程をたどるケースもある。その場合に死因を明らかにするのは容易なことではない。これは解剖医たちの使命に関わる大問題だ。病気が死因と判定されたら刺した加害者は殺人犯ではなくなる――それほど重大なことだ。病理検査をするなというのは、法医学には医学は要らないというに等しい。

法医学は科学的な真実を発見する学問である。経費削減と真実発見と、どちらか大切か。法治国家の維持がどれほど大事か、国会でも話し合うべきだろう。今回のことは茨城県警が悪いのではない、背後にある警察庁の意向を伝えに来ただけだ、ということは本田にも分かっていた。しかし、法医学者を出先機関であるかのように縮小させ、警察の下請けにしようとしている。学者の存在意義が全く理解されていない。

以後、月に20件ほどあった司法解剖は年々減少し、4年後には2～3体となった。殺人事件の司法解剖は全て県外の他の大学に送られ、持ってくるのは焼死体や腐乱した溺死体、白骨死体など、他大学が解剖を嫌がるような死後変化の激しい遺体が大半だった。足利事件のDNA鑑定以来、検察庁はもちろん茨城県警本部長や刑事部幹部と本田とはほとんど面識がない状態が続いている。筑波大学の〃悪評〃は法医学界を駆け巡り、興味深い解剖ができない医学部生や大学院生は全て研究室から去った。入学式初日に退学し、都内の大学院に再入学をした人もいた。本田は研究室の後継者となりうる候補者を全て失った。本田の〃血統〃をも絶とうとしているかのようだ。

多くの研究論文を国際的な学会や雑誌に発表している本田は、海外では極めて評価が高い。海外の学生が入学を熱望し、受入れ手続きを進めたこともあった。しかし、理由を明らかにされないまま、文部科学省から「待った」がかかり京都大学を勧められ泣く泣くそちらに行ったという話が、現地の大使館から届いたこともある。

やりきれない思いを抱えたまま月日が過ぎたが、2013年5月12日、久しぶりに科捜研では不可能な困難な事例のDNA鑑定の依頼が電話で入った。大阪府警からだった。本田は快く受諾し、捜査一課の刑事が試料を筑波大学まで運ぶことになった。

JR東京駅に着いた刑事から本田に電話が入った。今か今かと待っていた電話であった。ところが、依頼してきた時と声の調子が違う。嫌な予感がした。科警研から連絡があり、筑波大学には持って行くなと命令され、泣く泣くとんぼ返りしなければいけなくなった、という趣旨だった。試料の運び先は大阪医科大の鈴木教授だった。この時、福島元教授は依然として科警研所長の座にあった。あらゆる方面から完全に干されていったが、本物の法医学者としての旗を降ろすわけにはいかないと腹をくくった。

　鈴木教授はかつての本田がそうであったように、検察側鑑定人としての地位を不動のものにしていた。「東電ＯＬ殺人事件」（注１）や「南風原《はえばる》事件」（注２）など、重大事件の再鑑定を次々と行ない、検察が頼るＤＮＡ鑑定の第一人者としての名声を博していた。

　再審請求審でＤＮＡ再鑑定をするのは、足利事件で最後だろう――鈴木教授の〝活躍〟を見ながら本田はそう覚悟していたが、運命の糸とは皮肉なものである。本田は袴田《はかまだ》事件の即時抗告審において、鈴木教授と全面対決することになった。

　１９６６年６月30日、静岡県清水市（現静岡市清水区）にある会社専務の自宅が放火され、焼け跡から専務（41歳）、妻（38歳）、次女（17歳）、長男（14歳）の他殺体が発見された事件である。別棟に寝ていた長女（19歳）が唯一生き残った。７月４日、会社の従業員で元プロボクサーの袴田巌《いわお》さんの部屋から極微量の血痕が付着したパジャマが押収された。静岡県警は８月18日に強盗殺人、放火、窃盗容疑で袴田さんを逮捕し、９月に静岡地検が起訴。67年には工場の味噌タンク内から血染めの衣類が5点見つかり、有罪証拠とされた。これについて、第1次再審請求で実施されたＤＮＡ鑑定では鑑定不能とされ、再審請求が棄却された。静岡地裁は68年9月に死刑判決、76年5月に東京高裁が控訴棄却、80年11月には最高裁が上告を棄却し、12月に死刑が確定した。袴田さんや弁護団はあきらめることなく81年4月に弁護側再審請求を行なったものの、94年8月に静岡地裁が再審請求を棄却、２００８年には最高裁で特別抗告が棄却され、第1次再審請求が終了した。同年4月、弁護団は第2次再審請求を行ない、静岡地裁は11年8月に5点の衣類のＤＮＡ再鑑定を決定した。

２０１３年、弁護団は袴田さんのＤＮＡ型と犯行時の着衣とされたシャツに付着する血痕のＤＮＡ鑑定を本田に依頼した。本田は快諾し、裁判所の要望にも応えて、血液由来のＤＮＡを検出する方法を開拓した。レクチン〔細胞膜の表面にある糖鎖に結びつき、細胞の凝集や分裂などの反応を引き起こす物質の総称〕を使って血球を凝集し遠心分離する「細胞選択的ＤＮＡ抽出法」である。一方の検察は、本田に鑑定をさせないよう策を弄した。「足利事件で鑑定の名の下に社会を混乱させた張本人が本田である」という意見書まで裁判所に提出した。

本田の鑑定の結果、45年前の味噌漬けになった衣類の血痕と袴田さんのＤＮＡ型は一せず、裁判所にもその通り報告した。検察側推薦の鑑定人であった山田良弘・神奈川歯科大学教授の結果も不一致の結果だった。その後、鈴木教授と異なり山田教授は「不一致の鑑定には自信がない」と証言を覆したものの、静岡地裁は本田の鑑定結果を認めた。これに対し、検察が即時抗告した。本田鑑定を試料の劣化による誤った鑑定であると潰しにかかり、鑑定人尋問や新たなデータ提出を執拗に行なったのである。5人以上の法医学者が本田の方法に反論する事態にまでなった。

2014年3月、静岡地裁（村山浩昭裁判長）は本田鑑定の結果やその他の状況証拠、取調べの違法性を重視し、再審を決定した。逮捕から48年後、袴田さんはようやく釈放された。

検察はそれでも、再審決定を不服として東京高裁に即時抗告し、本田鑑定の検証実験が行なわれることになった。裁判所が鈴木教授に検証を命じたことを知った本田は、再検証をする実力が果たして彼にあるのだろうかと疑問を抱いた。

2017年6月、鈴木教授は本田が案じたとおり、裁判所の嘱託内容を無視し、あえて独自の方法をとっていた。そして、本田の鑑定方法を再現していないにもかかわらず、「再現できない」との結論を出した。本田は2013年の再鑑定の後も、細胞選択的DNA

抽出法のさらなる発展に日々専心し、国内外で高い評価を受けていた。鈴木教授の〝結果〟に忸怩たる思いを噛み締めたが、それでもあらゆる批判に対して沈黙を続けた。

その後、17年9月26日から27日にかけて行なわれた鑑定人尋問で、鈴木教授と本田は法廷で直接対面した。対質尋問を受けたのだ。本田は自身の方法をわずか1日で弁護士の一人に再現させ、ビデオ撮影した映像を流し、科学的な方法であることを視覚的に証明した。一方の鈴木教授は、鑑定方法について客観的・論理的に説明することができなかった。

袴田事件は今後、2018年3月までに再審開始の可否が決まる見通しである。本田は静かに、その行方を注視している。袴田事件の再鑑定後は依然として、警察、検察、裁判所から本田は鑑定人を除外され続けている。しかし、屈しない。捜査機関や法医学界で四面楚歌の状態が続いても、真の科学者であり法医学者としての威信をかけて、本田はさらなる闘いに挑もうと決意している。

たとえ、たった一人でも。

（注1）1997年。ネパール人男性が逮捕・起訴され有罪判決を受けたが、冤罪と判明。

（注2）２００９年。被告人の男性の上衣から検出したＤＮＡが被害者と一致し、有罪判決を受けた強盗致傷事件。無実を訴えている。

エピローグ——置き去りにされた人たち

45歳の時に逮捕された菅家さんは、有罪が確定し服役したために年金を納めることもできず、自動車運転免許証も住民票も失効し、健康保険にも加入できなかった。17年後、62歳で刑務所から釈放された時には実家も更地になり、生活の基盤も何もなかった。手にしていた現金は刑務所内の工場で働いて得た刑務作業報奨金約40万円と、拘置所にいた際に支援者から差し入れしてもらった領置金を合わせ93万3994円。刑務所に入ったばかりの時は十等工で、ひと月の報奨金が600円だった。第六工場でベルトコンベアの前に立たされ、流れてくるゴム手袋をビニール袋に入れて流すだけの作業だった。

住む家や生きるためのお金もなく、放り出された。地元に帰ることもできず、ある程度の生活費が用意できるまで、佐藤弁護士の家に居候《いそうろう》していた。

再審で無罪判決が出た場合、請求すれば「刑事補償金」（刑事補償法）と「無罪費用補償金」（刑事訴訟法188条の2）が支払われる。前者は日当額1000円以上1万2500円以下と段階的に設定され、裁判所が金額を決めて拘留期間分支給される。菅家さんは最高額で6395日分（7993万7500円）、後者で1199万6377円が支給され、受取額は合わせて9193万3877円になった。

しかし、「自分と同じような冤罪被害者を二度とつくらないでほしい。今も冤罪で苦しんでいる人たちの救済に役立ててほしい」と、受け取った補償金の一部を日本弁護士連合会に寄付した。また、半世紀前の少女誘拐殺人事件の再審請求をしている「狭山《さやま》事件」や、富山県で起きた冤罪の連続強姦事件「氷見《ひみ》事件」の国家賠償請求訴訟（国賠）のカンパなど出費も多い。多くの支援者が手弁当で支えてくれたことを義理堅く思い、他にも鹿児島の公職選挙法違反事件「志布志《しぶし》事件」などの支援活動に忙しい日々を送っている。全国各地に足を運ぶのも自費で、飛行機や新幹線などの交通費や宿泊代もばかにならない。

再審判決から4年経った時、菅家さんは事件を振り返った。

「私の心は晴れていません。だって、真犯人は捕まっていない。だから今も灰色無罪なのです。私に注《そそ》がれる多くの視線が物語っています。心休まる日はありません」

そして、再審法廷に自ら立ち、目に焼きつけた審理の実態をこう批判した。

「私がこれまでどんな気持ちで服役してきたか。その間に両親も亡くなりました。ここまで地獄に落とされたのですよ。だから再審の初公判でしたか、あえて裁判長に『真実を明らかにしてください』とお願いしたのです。犯人でないのにどうして刑務所に入らなきゃいけなかったのか。裁判所は、宇都宮地検の担当検事やＤＮＡ鑑定を検証した現職の科警研所長らを法廷に呼びました。真相を明らかにしてくれるものと信じていました。ところが、証人たちは組織を守るため嘘ばかりついた。まるでシナリオ通りに演じる役者ですよ。他人の人生をめちゃくちゃにしておいて……。裁判官たちも次第に追及の手をしぼめていきました。再審は、私を有罪にした時と同じように裁判ではなく、まるで茶番、嘘吐き大会の『足利劇場』でした。私を刑務所に入れた科警研の技官、警察の取調官や検察官、裁判官ら当時の人たちは誰一人謝っていない。おかしなことに、謝罪したのは今の裁判官と検察官、県警本部長ですよ。たまたま在任中に降りかかってきた〝災難〟に見舞われただけで、当時のことは与《あずか》り知らない人たちです。当人たちは誰一人、知らぬ振りです」

この時67歳の菅家さんに、なかなか職は見つからない。保育園を首になった経緯を知らない父親が、「あの仕事、お前には合っていたのになぁ」と残念そうにつぶやいたことを、ことあるごとに思い出す。自分も天職だと思っていた。老後の人生まで壊された。それなのに、なぜ国や県を相手取って国賠訴訟をしないのか。

「弁護費用がかかるし、裁判は時間がかかります。年齢《とし》を考えると、その前に自分がつぶれてしまいます」

横山ゆかりちゃんの父親は、パチンコに連れて行った自分を責め、自殺まで考えていた。それを止めたのは、彼の父親だった。

「苦しい気持ちはわかる。しかし、お前がいなかったら、帰ってきたゆかりはどうしたらいいんだ。残された家族はどうなるんだ」父親は、諭すように導いた。

「父のあの言葉で、自分を取り戻せました」


真実ちゃんの母親は再審の経過を冷静に見つめていた。再審は犯人の〝人間違い〟を取り消すセレモニーにすぎなかった。真犯人が捕まるわけでもない。記者たちがまた右往左往し、「菅家さんが無罪になった今のお気持ちは?」など、傷口に塩を塗りつけるような取材に見舞われる――事件直後から、両親は報道機関から身を隠すように生活してきた。

「菅家さんは無罪になりましたが、被害者遺族は結局、振り回されただけ。娘が帰ってくるわけでもない。せめて時効成立を取り払い、真犯人を見つけてほしいのです。聞きたいのです、真犯人に。どうして娘だったのか。娘は死ぬ間際、何を話したのか……」

第2部　ＤＮＡ鑑定の現在

DNAとDNA鑑定

DNAとはDeoxyribo Nucleic Acid（デオキシリボ核酸）の省略で、遺伝子の核となる物質である。5炭糖（デオキシリボース）とリン酸、塩基という3つの成分で構成され、リン酸骨格を作る2本の鎖がねじれながら螺旋《らせん》状に対合している。鎖の内側は4つの塩基であるアデニン(A)とチミン(T)、グアニン(G)とシトシン(C)がA－T、G－Cで対になりながら2本鎖を結びつけている。鎖の内側には4塩基が延々と並んでいる構造だ。〝DNAを解読する〟とは、この塩基配列を明らかにすることから始まる。

DNAのうち、ある配列を単位とする反復配列を含む部分に個人差があることが発見された。それを型分類したのがDNA型である。「DNA型鑑定」という言葉は、第1部（96頁）で述べたように、科警研が足利事件でMCT118部位を鑑定後、1994年頃から使われ始めた。型が一致しているかどうかしか分からない――DNA鑑定を過大評価させないようにしたい、という狙いがあったと推測される。つまり、型である以上、不確実さが含まれ偶然の一致もありうること、また、仮にマーカーによって違った型とされても、型として一致さえしていれば正しい、という解釈を認めさせたかったようだ。

ただし、ミトコンドリアDNAなど不規則な遺伝子構造を持っている場合、型分類が困難になる問題もある。なお、「ＤＮＡ鑑定」という場合には、型分類されようがされまいが、あらゆる形でのＤＮＡ検査が含まれ、その検査結果を踏まえて鑑定嘱託された質問事項への回答となる判断を示したもので、広義の概念である。

現在の主流は、ＤＮＡ検査機器が型判定以上の情報を提供できるようになったため、塩基配列を全て解読する「シークエンス法」だ。ＤＮＡ型鑑定よりＤＮＡ鑑定と呼んだ方が適切と思われる。

ＭＣＴ１１８法とＳＴＲ法

90年代初めに科警研で採用されたＭＣＴ１１８法は、90年代も後半になるとＰＣＲ検出感度の低さと型判定の困難さによって、今では使用されなくなった。ＭＣＴ１１８法は「16塩基」というやや大きな配列を単位としているためＰＣＲがかかりにくく、１回の検査でＭＣＴ１１８の１部位を単独でしか検査できなかった。ＤＮＡ鑑定の技術の進歩とともに、検出力と精度はあまり高くないことが明らかになり、衰退していった。

現在の主流は、90年代後半から国際的に開拓されたＳＴＲ（Short Tandem Repeat）法だ。細胞分裂の直前に細胞核内に現れる染色体には、ごく短い塩基配列が繰り返されている遺伝子部位が無数にある。現在確定しているだけでも、数千に達する。このうち特に短い反復配列（2～5塩基）を単位とする部位（ＳＴＲ）に着目し、各部位ごとの配列の反復数を調べる方法だ。高性能の機器とキットを用いることにより、常染色体の15部位の他に男女の性別マーカー（性別判定に用いる）なども含め、複数箇所を同時にコンピュータで解析して調べられる。一度の検査で複数の部位を同時に検査できる。情報量が多く、精度が高いといえる。父親から男子にのみ遺伝するＹ染色体にも多数の部位があるため、男性同士の血縁関係などを調べる時にも便利である。

一般に、ＳＴＲ法はＭＣＴ１１８法に比べ、ＰＣＲの増幅に必要なＤＮＡ断片のサイズが小さくてすむため、ＰＣＲによるＤＮＡ増幅がかかりやすい。ＤＮＡの分解がある程度進んでいても調べることができるという利点もある。

第１部（１０８頁）で述べたように、現在は科警研もＭＣＴ１１８法を使用していない。メーカーのパーキンエルマー社は足利事件の鑑定後にキット化したが、ゲル電気泳動法が行なわれなくなって以降、販売を中止した。新しい機器（毛細管電気泳動）の導入によって、より精度の高いＳＴＲ検査が可能になったからだ。しかし過去の事件で多数使われ、それによって有罪判決が下った事件もある。国や捜査機関は、これまでＭＣＴ１１８法を何件使ったかを具体的に明らかにしていない。今後も検証が必要な事例も多数あるはずだ。

ＭＣＴ１１８法は原理さえ分かれば、今でも容易に型判定できる。しかし過去の検査法であるため、使いこなせる法医学者はほとんどいない。若い法医学者たちが学ぶこともない。〝ＭＣＴ１１８法で鑑定ができる〟のは、過去から現在にわたるＤＮＡ鑑定の歴史を踏まえた研究者だけだ。大変に貴重な存在といえる。

ＤＮＡ鑑定運用指針作成の取組み

足利事件を機にＤＮＡ鑑定が刑事事件捜査に本格的に導入されるようになったのは、第１部で述べた通りだ（36頁）。以後、その運用に関する法整備が急務になった。刑事裁判で証拠として採用するならば、捜査側、被疑者・被告人側、裁判所側のいずれにも偏ることなく公平で中立な事件の真実を発見する公共の財産でなければならないのは当然だ。

ＤＮＡ鑑定がなかった時代は、任意の事情聴取であるにもかかわらず、「取調室」という密室で被疑者が暴行などを用いた乱暴な取調べにより、嘘の自供を強いられる冤罪が多数あった。菅家さんも、任意同行前に受けた暴力で警察官を恐怖の対象としてとらえていた。注意すべきことは、これからは〝ＤＮＡ鑑定による冤罪〟の可能性だ。

DNA鑑定の実施件数は、2011年に17万7658件だったのが翌年には21万2743件、26万6867件（13年）、28万7285件（14年）、30万8579件（15年）と増える一方だ（『平成27年版警察白書』）。その大半は科警研・科捜研が行なっている。大学法医学教室も捜査や裁判を通して嘱託鑑定を受けることはあるが、その件数は比較にならないほど少ない。そして、捜査機関や法医学教室の鑑定レベルもさまざまで、刑事事件への利用に際しての技術的・法律的環境が未整備のままという問題があった。

欧米諸国はすでに、DNA鑑定の運用を取り決める勧告などが作られている。オランダでは1993年11月、「刑事事件におけるDNA鑑定に関する規定の刑事訴訟法への追加法」が成立した。翌年9月には「DNA鑑定規則」が施行された。「予審判事は、一般の鑑定と同様に、鑑定の利益に反しない限り、被疑者・被告人に関してなされる鑑定の全部、または一部に、被疑者・被告人およびその弁護人が立ち会えることを決定できる」（同国刑訴法231条2項）他、再鑑定の保証や鑑定への立会い、鑑定の信頼性の保証のための鑑定機関の審査、資料の最小限の使用などが定められている。それぞれ自国の実情に合わせて刑訴法の改正などが行なわれているのだ。

日本でも94年5月、日本DNA多型学会の会員たちから、科学者の社会的責任として司法運用のための適正なDNA鑑定のあり方を提言する必要がある、という声が上がった。足利事件控訴審が始まって間もない第3回目の学会のことだ。勝又義直・名古屋大学教授らを中心として13人の会員が中心になり、「DNA鑑定検討委員会」(以下、検討委)を立ち上げ、勝又教授が委員長に就任した。委員には福島弘文教授や鈴木廣一助教授(当時)、科警研の瀬田季茂・法科学第一部長(当時)、佐藤博史弁護士など、研究者や実務家が名を連ね、前向きな検討が行なわれた。しかし、当時作成された運用方針《ガイドライン》は抽象的な規定にとどまり強制力を持たなかったことから、ほとんど運用されることはなかった。

ありえないDNA〝全量消費〟

運用指針があれば冤罪は起こらない、とは断言できない。だが、裁判における証拠採用の社会的基準を決めておけば、DNA鑑定による冤罪を防ぐことはある程度可能だろう。

検討委では、佐藤弁護士と谷村正太郎《まさたろう》弁護士(1990年に日弁連人権擁護委員会委員長)が、証拠としての資料などが再検査できるように保存することを義務づける「再鑑定(再現性)の保証」の重要性を強く主張した。当時の福島教授もこれを認めた。さらに、DNA鑑定が科警研と科捜研に独占されている現状では、資料が全量消費されるケースも少なくはない。この状況を踏まえ、96年12月5日の原案は次のように規定した。
《検査の再現性の保証　DNA鑑定に用いる手法は、学問的に確立されたもの、少なくとも2カ所以上の独立した機関で実施できるものであるべきである。また、DNA資料あるいはDNA未抽出の証拠資料は再検査の可能性を考慮して保存されるべきである》
原案のいう「再現性」とは、簡単にいえば、実験者が示した条件通りに別の者が実験しても同じ結果が出る、という意味だ。さらに、次のように釘を刺した。
《証拠資料が微量で、すべてを用いて検査せざるをえない場合には、さらに高感度の検査法が開発されるまで実施しないことが望ましい。やむをえず証拠資料の全量を使用する場合は、資料のDNA量と、個々の経過を詳細に記録した実験ノートを開示すること及び可能ならば関係者ないし外部の第三者の立ち会いのもとで実施することが望ましい》
この他、《微量な資料で検査可能なPCR法を用いれば、再検査のために資料の一部を残すことは一般に充分可能である》とし、13人の委員全員の一致で了承された。

ところが、「数多い証拠の中で、なぜDNAだけが一部保存という特別な扱いを受けなければならないのか」などと主張し、科警研のメンバーは犯人逮捕という捜査優先の論理を押し通して再鑑定の保証に反対するようになった。会合をボイコットしたり、検討委に捜査官や警察関係者を新たに加え、数の力で捜査実務家の意見を反映させようと働きかけた。検討委内における激しいせめぎ合いは、3年にわたって繰り広げられた。

勝又委員長は両者の意見調整に奔走しながら、96年には委員長案として「DNA鑑定についての勧告」を起案した。これが多型学会メンバー会員にいったん承認されかけたものの、科警研に修正を再三にわたり求められ、修正は五度に及んだ。検討委はさらに長引く様相を見せ、うんざりした法医学者たちが科警研の意見に妥協してしまった。

紆余曲折《うよきょくせつ》の結果、97年12月5日の日本DNA多型学会第6回学術集会において発表されたのが「DNA型鑑定についての指針」だ。勧告が指針へと後退した。〝たとえわずかな資料であっても、将来起こりうるかもしれない再検査に備えその一部は保存する〟という厳格な運用指針の起案までたどりつきながら、科警研の猛反対で「再鑑定の保証」がその条件から外《はず》された。骨抜きにされたのである。

《再鑑定への配慮……再度採取ができない資料の場合には、可能な限り再鑑定の可能性を考慮してDNA未抽出の資料の一部が保存されることが望ましい。資料の全量を消費する場合、鑑定人はそうせざるをえなかった状況を鑑定経過に詳細に記録するよう務めるべきである》

再現性保証の問題はその後、DNA鑑定の重い課題となった。再現のできない証拠試料の多くは、「全量消費」と鑑定書に記されるようになった。試料が残されたケースはほとんどなく、多くの場合が〝全量消費〟——再鑑定が不能になった。

刑事事件の場合は試料が微量であることが少なくないので、やむをえない場合もあるかもしれない。しかし、試料が多く残されている場合にも〝全量消費〟とされ、再鑑定への道を閉ざしている可能性も否定できない。この状況を、本田は次のように指摘する。

「手当り次第に鑑定すればよいということはない。試料がわずかしかないときは鑑定をいったん保留し、試料を冷凍保管する。検察や弁護人による嘱託鑑定はあきらめ、裁判所に判断を委ねて本鑑定（事件の容疑者を見つけるために行なうDNA鑑定のこと。足利事件では、被害者の下着に付着した犯人由来のDNA型と菅家さんのDNA型を鑑定したことを本鑑定としている）にする。そうすれば、全量消費で鑑定ができないなどという事態を防ぐことができる。鑑定結果の改竄《かいざん》など、証拠についての疑惑も払拭できる」

〝全量消費〟の中には、再現性はおろか、本鑑定すらできていないケースがある。試料は手中にあり、DNAを抽出すれば検査できるにもかかわらず、鑑定書に「未鑑定」、その理由を「全量消費」と記すものもある。筋道を立てて考えると、この状況は〝検査は実施したが、結果は捜査当局に不都合だった、だから検査をやらなかったことにして結果を隠した〟のではないか。その代表例が、足利事件の旧鑑定書だ。〝鑑定できなかった〟のではなく、鑑定書に記載できない別の理由があったと疑わざるをえない。

口実は〝予算〟

「DNA鑑定は警察のみで一本化していく予定である」――足利事件の再審判決後、茨城県警を通して警察庁が本田に伝えた方針だ。

これは、科警研と科捜研がDNA型鑑定を管理・独占する、ということを意味する。

前述の通り、証拠の管理と保管は捜査当局から独立した機関が行なうことが、先進国を中心とした世界の潮流だ。足利事件の「負の遺産」を反省するなら、捜査機関は大学の研究を奨励し、法医学会などと連携をとり、よりよい運営を考えることが重要なはずだ。

しかし、事態は本田が危惧した通りになった。警察庁は2014年、司法解剖時のDNA鑑定と血液鑑定は原則として科捜研が行ない、ミトコンドリアDNA鑑定など科捜研では検査できないものだけを大学に嘱託するという案を日本法医学会に提示した。〝身元確認のみの鑑定の場合は大学の法医学教室に依頼する〟と目的について但し書きは付けられたが、科警研や科捜研が鑑定を独占する体制が事実上固定化されることになった。予算は検討中ということだが、「司法解剖に係る経費（単価）見直し案」によると、全体的には検査経費に関しては2014年現在の経費に比べて約49%の減額となっている。

警察庁刑事局捜査一課の檜垣重臣検視指導室長らが、3回にわたり日本法医学会の池田典昭理事長らと協議した中でこの見直し案を出し、次のように説明した。

≪2008年度の司法解剖経費改定以降、初年度こそ予算の範囲内で執行されたが、次年度からは執行超過の状態が続き、2012年度の司法解剖に係る執行額は予算額を約8億円超過しているとし、各種検査実施率が上がっていることが主な原因だが、財源の問

題から各種検査の単価の積算から見直す必要がある、実績を見れば、各種検査の単価は高すぎる》

警察庁の案について、池田理事長は次のように話した。

「驚愕の念を感じざるを得ない。仮にこの原案による減額が強行された場合、多くの先進的な法医学教室等での各種検査の実施は大きく後退し、死因究明の精度は低下することが予想され、法医学教室等の状況は再び、10年前に逆行するのみならず、犯罪や事故の見逃しに対する教訓を捨て去ることにも繋がりかねない」

〝独占〟の危険

DNA鑑定のあり方や管理について注視する五十嵐《いがらし》二葉《ふたば》弁護士は、筆者の取材に次のように指摘した。

「DNA型鑑定の結果は科学的で確実な犯罪の証拠と思われているので、有罪、無罪がこれで決まってしまう現実がある。しかし実際には、鑑定作業に間違いや意図的な操作も可能な危険な証拠であり、現に足利事件など、誤ったDNA型鑑定で冤罪となった事例もいくつか明らかになっている。こうした弊害を防止するためには、外国で行われているように、捜査機関から完全に独立して、精度の高い鑑定ができる第三者機関のみが鑑定する制度にするほかない。〔2014年の〕法制審議会時代の刑事司法制度特別部会で当初審議されるべき項目に入っていたのは当然だが、途中で外されてしまい、何の論議もなしに警察機関の科警研や科捜研が鑑定を独占する体制が事実上固定化されてしまう危険が今迫っている。これまで、警察機関による誤った鑑定でつくられた冤罪を救済してきたのは、はじめにDNA型鑑定に手をつけた大学の法医学だったが、警察の独占によって大学が排除されることになれば、捜査機関のミスや意図的な操作をチェックするものがなく、冤罪は永久に救済されないことになる。捜査機関のあり方やDNAデータベースの保管を間違いなく行う第三者機関の設置を、法曹三者が大学機関を入れた公的な論議をもって国会で決めなければならない」

2013年、最高裁ホームページに掲載された最高裁長官の新年の挨拶《あいさつ》は異例だった。近年、DNA鑑定の結果によって判断の結論が左右されるという事例が続いたことを挙げ、「全ての刑事裁判において、科学技術の発展について常に注意を払い、自らの感覚を磨いておくことが重要であることを指摘しておきたいと思います」と、特にDNA鑑定など科学技術を駆使する客観的証拠に言及して、裁判官に注意喚起を促した。

一見、正当な意見に思える。しかし、「科学技術の発展」と前を見るだけで、後ろを振り返っていない。つまり過去に学び、反省し、発展に繋げるという視点に欠けている。現実には、五十嵐弁護士や最高裁長官が危惧する通りの状況だ。たとえば、犯行現場から採取される試料のDNA鑑定やABO式血液型鑑定などの結果が、技術的なミスだけでなく故意に歪められたり紛失したりしている。誤判に繋がるケースが少なくない。

最重要課題は冤罪防止だ。足利事件だけでなく、第1部で触れた東電OL殺人事件や袴田事件も、DNA鑑定によって冤罪が明らかになった。これらの事件では、DNA鑑定や血液型鑑定など、事件現場から押収した試料で鑑定可能なはずのものが出されなかったり、他方、出るはずのない判定が出たりしている。被疑者・被告人の権利が捜査機関によって踏みにじられる状態だ。本田は、捜査機関によって証拠がコントロールされる恐ろしい状況になってきていると指摘する。

独立した第三者機関の設立が急務

鑑定結果などが改竄されるのは、多くの場合、採取してすぐに行なわれる原試料の鑑定時ではない。被疑者のものとみられる対照試料を入手した後の鑑定で行なわれやすい。

つまり、対照試料に合うように原試料の検査結果を取捨選択できるのだ。科学的検査は客観的証拠として不変的なものであり、犯行の裏付けだけでなく、冤罪を防ぐことも可能だ。それなのに証拠が故意に歪められるのであれば、冤罪の防止は不可能だ。判定結果を隠蔽されたり改竄されたりしても、第三者がそれを見破る術《すべ》はない。

日本では、これらの証拠は全て、事件発生と同時に強制捜査権を持つ捜査当局の手中にあり、裁判で証拠として請求されない限り秘密にできる。一方、欧米諸国では多くの国が証拠の開示を法律などで義務づけている。

米国では、連邦検察官職務マニュアルによって、証拠については弁護側の開示要求の有無にかかわらず、開示されなければならない。オーストラリアでは、法廷弁護士《バリスター》の倫理規定において「検察官は（弊害がある）場合を除いて、検察官に知られているか、あるいは、検察官が被告人の有罪や無実に関連する資料となると気づいている、あらゆる資料に結びつく可能性のある潜在的な証人の氏名も含むものをできる限り速やかに対立当事者に開示しなければならない」と定めている。ドイツでは、ドイツ基本法103条1項（裁判所において法的聴聞を請求する権利を保障）およびヨーロッパ人権条約6条1項（公正な手続きを請求する権利を規定）により、刑事手続きの全ての段階において被疑者、被告人の証拠開示請求権に憲法的価値を認め、ドイツ刑訴法１４７条11項で「弁護人は①裁判所に存在する書類、②公訴提起の際に提出されるであろう書類、③職務上保管されている証拠を閲覧することが出来る」と定めている。

また、指宿信《いぶすきまこと》・成城大学法学部教授（刑事訴訟法）によれば、米国では有罪判決後、被告人の〝科学的証拠に対するアクセス権〟を法律で保障するようになった。２０００年当時28州、12年にはオクラホマ州を除く49州で制定され、その後オクラホマ州でも13年5月に法律が制定され、全土で法整備が完了したという。加えて、50州中30州では有罪判決後においても証拠の保管を義務づける法律が制定されているという（指宿信『証拠開示と公正な裁判〔増補版〕』現代人文社、２０１４年）。

これに対し、日本の裁判では検察はトランプのポーカーゲームのように、彼らに有利なカードしか切らない。いわば有罪にするための証拠しか出さないのが現状だ。

そもそも証拠とは、犯罪に関わる事実を証明する根拠であり、単に〝事実とイコール〟ではない。何らかの意味づけを与えられた事実が証拠になる。刑事裁判でいえば、被告人、検察、裁判所それぞれの思惑や狙い（主観）を超えて、真実を発見するための公共の財産

（客観）となるはずのものである。そう考えると、捜査当局の意図的な証拠の改竄などが起こりうる可能性を排除できない以上、現場で採取した試料を捜査当局が一方的に利用してDNA鑑定をしてもよいなど、言語道断である。

一方、現在の大学の法医学教室が第三者機関として立脚できているかどうかも疑問である。第1部で述べたように、警察庁は権力を楯にして予算を減らしているのが現状だ。

「遺留品に残っているDNAの型を科学的に鑑定してほしい」――これが、鑑定依頼する時に捜査関係者がとるべき本来の姿勢だ。しかし実際にはこの依頼が、〝逮捕あるいは起訴するために型を合わせてほしい〟という無言の圧力になっていることが多い。

元来、法医学者は警察の嘱託で仕事が始まるので、捜査機関の意に沿うような鑑定をしてしまいがちである。批判を恐れずにいえば、長く仕事をやっていればいるほど捜査機関にべったりの御用学者になりがちである。証拠が、捜査側に都合のよいように取捨選択される危険がある。

中立な立場を全うして鑑定結果を裁判所に出すような法医学者の存在と、対照試料の入手を待たずに速《すみ》やかに鑑定を行ない、保管、管理する第三者機関の設立が急務である。

あとがきにかえて

本書は、菅家利和さんと本田克也教授を中心に描いた。筆者の経験や思いはなるべく除外した。2人を描写するだけで、足利事件とそれにまつわるDNA鑑定の重大な問題の数々が浮き彫りになるからだ。筆者の感慨などは読者の思考の邪魔になる。だが最後に、本文中で描写できなかったこと、そして多くの事件取材を通して筆者が考えてきたことを記しておきたいと思う。

裁判員制度が始まり、すでに8年以上が過ぎた。裁判員は地方裁判所で行なわれる刑事裁判（第一審）のうち、殺人、傷害致死、強姦致死傷、現住建造物等放火、身代金目的誘拐など一定の重大な犯罪を対象に国民の中から無作為に選ばれた6人で、裁判官3人と協働して審理する。裁判員は筆者と同じ、いわゆる〝素人〟の一般市民だ。かれらが刑事裁判に直接関わる。法廷では裁判官を真ん中に挟み、〝被告人〟と対峙《たいじ》する。裁判を通して検察・弁護側から出された情報から、被告人席の人間が有罪か無罪か、有罪であればどのような刑罰を科すのか決める。

今後も、多くの人が裁判員の席に座ることになるだろう（もしかしたら被告人席の可能性もあるが）。その最終判断をする時に、〝正義〟や〝科学〟の名の下に出された証拠が本当に正しいのか、立ち止まって考えてほしい。

消極意見の排除

足利事件では菅家さんを任意同行した後、捜査本部は借家と実家を家宅捜査し、アダルトビデオなどを押収した。しかしそのなかに、連続幼女誘拐殺害事件につながるような幼い女の子に興味を示すようなビデオ類は1本もなかった。むしろ対象は、豊満な肢体の成熟した成人女性だったといえる。その後の捜査会議で、「菅家さんは犯人ではない可能性がある」という〝消極意見〟が出なかったのは不運としか言いようがない。

なぜなら、いったん検察が起訴すれば、犯人説を翻すのは容易ではないからだ。有罪率でいえば、日本は99％だ。

それはたとえば、筆者がチームを組んで2006年から調査報道した事例でも明らかだ。03年4月の統一地方選における鹿児島県議会議員選挙（曽於《そお》郡区定数3）で、鹿児島県警が公職選挙法違反事件をでっち上げた志布志事件だ。

県警は県議を含め住民十数人を逮捕したが、自白調書の裏付けが全く取れなかった。べテラン刑事2人が捜査会議の席上、「この事件は調書にある供述の裏付けが取れない。事件自体がないのではないか」と消極意見を出したところ、幹部はその2人を怒鳴り散らし、翌日から1人は捜査から外された。検察との会議において、県警がこの一部始終を報告したところ、ある検事は次のように言い放った。

「主任検事が起訴した事件はそれに従うのが組織捜査である」

この事実は、筆者たちが入手した内部文書で報告されている。志布志事件は早い時期から〝幻の事件〟と分かっていた。県警の心ある捜査員の一部が猛反対したにもかかわらず、検察が「組織捜査」の一言で突き進んでいったのだ。しかし、弁護団の奮闘や世論の盛り上がりにより、4年後の鹿児島地裁の判決は13人全員が無罪だった。

白紙調書

足利事件で菅家さんが万弥ちゃん事件の別件取調べを受けた時、犯行時期は「冬の終わりか、春頃」と言ったが、再逮捕の決め手となる調書にはその言葉がすっぽりと抜け落ちていたことは、本書第1部で述べた通りである。捜査本部は万弥ちゃん事件も菅家さんの犯行とするために、彼が言った犯行の季節を〝なかったもの〟にする必要があった。

そもそも自白調書とは、捜査側が逮捕あるいは起訴するために必要なエキス部分だけを取り出し、体裁よく仕上げた文章だ。そうやって嘘の調書を作ることを、一般的には〝改竄〟〝でっち上げ〟という。それをさらに酷くしたのが白紙調書だ。万弥ちゃん事件で事情聴取された新泉祥さんは、でき上がった調書に空白の部分が多かったと記憶している。その調書がどうなったのか、事件は起訴されなかったので公にはなっていない。しかし筆者の経験では、これは白紙調書であると考える。新泉さんが感じた通り、刑事から読み聞かせを受けなかった言葉が後で付け足された可能性がある。そのうえ、新泉さんは警察から、メディアの取材に応じないよう口止めもされていたのだ。目撃者調書の取り直しは、刑事らによる自作自演の捏造としかいいようがない。

白紙調書の問題は、筆者が福岡県警を担当していた時にも発覚した。1994年7月、福岡南署の巡査長が会社役員宅の捜索令状を裁判所に請求する際の資料として提出した調書だ。別の大麻事件で拘置中の女性に、中身は何も書かれていない調書に署名・押印させ、それから役員の覚醒剤使用を裏付けるような架空の供述を書き込んだ。白紙調書の悪用を見抜けなかった裁判官は捜索令状を発布した。問題の発覚後、当時の署長は署長官舎で首を吊って自殺した。役員は自宅から微量の覚醒剤が見つかったとして逮捕・起訴され、一審で自白し実刑判決を受けた。しかし、後にこの違法捜査が発覚し、控訴審では無罪が確定した。問題の巡査長は虚偽有印公文書作成・同行使の罪で起訴され、一審で懲役1年の実刑判決、控訴審では一審判決が破棄され、懲役1年6月執行猶予3年の判決だった。

足利事件に話を戻すと、栃木県警は万弥ちゃん事件の〃自供〃を菅家さんから取った時点で、それが不自然だと気がついたはずだ。それゆえ、事件当初の新泉さんの目撃情報を捏造した。本来なら、真実ちゃん殺害事件に関する菅家さんの供述そのものが事実かどうか検証すべきだったのに、捜査本部は真逆のことをして、冤罪を作った。

DNA鑑定を妄信

足利事件で科警研が「一致した」とする肌着の遺留精液と菅家さんのものとされるティッシュペーパーに付着した精液のDNAを一緒に電気泳動させた写真を、取材の過程で本田克也教授から見せてもらった。おぼろげな残像に付けられていた小さな赤点は、〃ここですよ、ここを見てください〃と、バンドの位置を訴えているような印象だった。

「捏造とはいえても、科学的証明とはいえない」本田教授は写真をこう判断した。このように証拠ともいえないものが〃証拠〃として裁判で提示されてしまったらどうなるか。恣意的な証拠に引きずられてしまう可能性を否定できない。

足利事件で鑑定した科警研は、写真そのものではなくネガフィルムを見て判定したという。だがネガフィルムは、確定審に証拠として提出されなかった。法廷を取り仕切る裁判官たちは、証拠でありながら提出されていないネガフィルムの提出を求めても当然だった。しかし、それをしなかった。これは裁判所の大失態といわざるをえない。さらに、再審では福島弘文科学警察研究所所長は、フィルムの提出どころか、その存在についても明らかにはしなかった。福島所長は足利事件検証委員会委員長を務めたが、本当にきちんと検証されたのか。科警研の鑑定疑惑をどこまで身内が検証できるのだろう。

さらに、このDNA鑑定を〝究極の科学捜査〟と、根拠もなく後押ししたのが新聞やテレビなどのメディアだった。導入したばかりで社会的にも信憑《しんぴょう》性《せい》について、報道する者たちは冷静になるべきだった。自省をこめてそう考える。

足利事件後、DNA鑑定機器の予算は年々増えた。92年度には1億1600万円だったのが、93年度は新規14台、予算額約3億4600万円と3倍近くなった。次年度以降、新規台数は同じながら、予算額は94年度が約4億800万円、95年度が約4億6900万円。巨額の税金が動いた。菅家さん逮捕に関して新聞やテレビが根拠もなくDNA鑑定を絶賛したことが政治的な取引に利用されたと言えなくもない。

違法な検察の取調べ

足利事件で警察と検察が取調べの様子を録音していたのは本書第1部で述べた通りだが、この録音テープを巡り、弁護側と検察側の間で一悶着《ひともんちゃく》あったことを付言しておきたい。

録音テープの存在を『朝日』の紙面で知った弁護団は、足利事件自体に関する取調べの録音テープが存在するのかしないのか、検察に質問した。検察は当初、「この取調べテープは足利事件のものではなく、別件である福島万弥ちゃんと長谷部有美ちゃんの取調べで、本件とは無関係」と弁護団に説明し、録音テープの開示に難色を示した。

しかし、裁判所が「開示命令を発することもある」と勧告したところ、検察は全てのテープを開示した。その中に、足利事件について取り調べをする森川大司・宇都宮地検検事と菅家さんの声が録音されていた。真実ちゃん事件について、森川検事がある程度〝確信〟しているのがテープの内容から分かる。しかし、それ以外は確たる〝証拠〟がなく、最終的に他の2件は不起訴処分だった。この時にどうして〝菅家さん犯人説〟を疑わなかったのか。2事件の自供内容がおかしいと感じた時が、事件の全容を見直す分岐点だったはずである。もし全ての事件の犯人として起訴されていれば、幼女3人を手にかけたとして菅家さんの極刑は免れなかっただろう。

「まさか、取調べの録音をしているとは思わなかった。そういう意味では、その録音の中身は冤罪事件を検証するうえでとても貴重だった」と、弁護団の一人である泉澤章《あきら》弁護士は振り返る。また、佐藤弁護士は「当初は別件だから開示しないと言ったうえ、テープの内容を知りながら回答を差し控えるなど極めて不誠実である」と、宇都宮地検の築《ちく》雅子検事に抗議した。再審では、森川検事のこの取調べが違法であると判定された。

判決文の欠陥

足利事件の再審法廷では、冤罪の直接的な原因が明らかになった。本田がMCT118法で真犯人の型を出したことが大いに貢献した。2010年3月26日、宇都宮地裁は菅家さんに無罪を言い渡した。無罪の理由は、旧鑑定と再審のSTR法で行なった再鑑定の結果が違い、旧鑑定に証拠能力がなくなったからだ。しかし、そもそもの問題は第1部で述べたように、皮膚細胞の混合が考えられる肌着のDNA抽出で失敗し、犯人由来がなくなった試料を対照試料の菅家さん由来とみられるティッシュペーパーのDNAと電気泳動させ、型を誤って判定したことだ。世紀の冤罪事件として記録されるこの再審の判決文の中で、原因の事実が当審の調べで明らかにされたのであれば、裁判所の責任においてきちんと判決理由として記すべきである。しかし、それは一行もなかった。

何のために再審で取調べをしたのか。この判決理由は、旧鑑定の真偽に関わる内容を全て省いた〝欠陥理由〟としか言いようがない。

真犯人へ

最後になるが、筆者は2011年6月、横山ゆかりちゃんの両親から借りたパチンコ店の防犯ビデオのコピーを持って空路、福岡に飛んだ。斎藤光範《すけのり》・元九州産業大学芸術学部教授に会うためだ。斎藤助教授はきめの粗い写真をコンピューター・グラフィックスで画像処理して鮮明にできる、日本でも数少ない人物だ。サングラスの黒色をすべて取り除き、その下にある目や肌をくっきりと浮かび上がらせることができる。その方法で、ゆかりちゃんの失踪に深く関与していると思われる男の顔を明らかにできるのではないか。

すでに退官していたが、斎藤元教授は自宅に解析器材をそろえていた。その場で画像処理に挑戦してもらったが、この時点では解析できなかった。

「マスタービデオなら何とかなるかもしれないが、これはコピーのそのまたコピーで画像が粗く、解析に堪えない」

斎藤元教授はこう説明した。吉報を待ちわびるゆかりちゃんの両親のことを考え、心がつぶれそうになった。しかし逆に言えば、マスタービデオさえあれば、犯人の顔を明らかにすることができる。

本田克也教授や清水潔記者、小林篤ライターらの献身によって、真犯人と目される男の名前も、ＤＮＡ型もわかっている。ビデオテープを解析できる技術を持った人もいる。

警察や検察は動くべきである。

本文中の写真はすべて菅家さんの弁護団提供です。

梶山　天（かじやま・たかし）
1956年、長崎県五島市生まれ。1978年朝日新聞社入社。佐賀支局、東京社会部警察庁担当、西部本社報道センター（旧社会部）次長、鹿児島総局長、西部本社報道センター地域面監事兼ジャーナリスト学校幹事、東京本社マーケティング企画・戦略主査、東京本社特別報道部長代理などを経て現在、日光支局長。鹿児島総局長時代の「鹿児島県警による03年県議選公職選挙法違反『でっちあげ事件』をめぐるスクープと一連のキャンペーン」で、鹿児島総局が2007年11月に石橋湛山記念早稲田ジャーナリズム大賞、さらに2009年1月には新聞労連ジャーナリスト大賞を受賞。著書に『「違法」捜査　志布志事件「でっちあげ」の真実』（角川学芸出版、2010年）がある。

孤高の法医学者が暴いた足利事件の真実

2018年3月16日　初版発行

著　　者　梶山天
発 行 人　北村肇
発 行 所　株式会社金曜日
〒101-0051　東京都千代田区神田神保町2-23　アセンド神保町3階
URL　http://www.kinyobi.co.jp/
（業務部）　03-3221-8521 FAX 03-3221-8522
Mail gyomubu@kinyobi.co.jp
（編集部）　03-3221-8527 FAX 03-3221-8532
Mail henshubu@kinyobi.co.jp

編集・DTP　木村暢恵
装　　丁　加藤英一郎
印刷・製本　精文堂印刷株式会社

価格はカバーに表示してあります。
落丁・乱丁はお取り替えいたします。

printed in Japan
ISBN978-4-86572-025-9　C0036

『週刊金曜日』の出版物

香害
そのニオイから身を守るには

岡田幹治 著

柔軟剤や芳香剤が原因の「香害」が増えつづけている。その恐るべき実態から原因、対策までを網羅した。

ISBN978-4-86572-018-1

定価1,400円＋税

ひとめでわかるのんではいけない薬大事典

浜 六郎 著

医者から処方されたあなたの薬をチェック！　2012年発行のベストセラー『新版 のんではいけない薬』に増頁大幅改訂。

ISBN978-4-86572-020-4

定価1,800円＋税

やっぱり危ないタミフル
――突然死の恐怖

浜 六郎 著

インフルエンザの特効薬として登場したタミフルの服用による死者が80人を超えた。タミフル薬害の全貌と仕組みを徹底解説。

ISBN978-4-906605-37-8

定価1,400円＋税

私の1960年代

山本義隆 著

元東大全共闘代表がはじめて自らの闘争を振り返る。日本が大きく転換する中、1960年代と「現在」をつなぐ画期的な書。

ISBN978-4-86572-004-4

定価2,100円＋税

「戦後」の墓碑銘

白井 聡 著

「永続敗戦レジーム」という構造を歴史的、社会的、精神的に暴露し、新たな民主主義革命のヴィジョンを示す。

ISBN978-4-86572-005-1

定価1,400円＋税

★お求めは最寄りの書店へどうぞ。

『週刊金曜日』の出版物

加害の歴史に向き合う

『週刊金曜日』編

今こそ、あらためてアジア太平洋戦争の実相をみつめ、いまと将来のために加害の事実を振り返り、向き合う姿勢を問う。

ISBN978-4-86572-024-2

定価1,000円＋税

原発再稼働　絶対反対

再稼働阻止全国ネットワーク　編

収束の目途がたたない福島原発事故。だが、安倍政権は原発再稼働に暴走する。全国16団体の怒りの声を聞け！

ISBN978-4-906605-93-4

定価800円＋税

「これでも罪を問えないのですか！」福島原発告訴団50人の陳述書

福島原発告訴団　編

告訴・告発状に添えられ、福島地検に提出された陳述書の中から五〇通を厳選・抜粋した、正真正銘の「告発の書」。

ISBN978-4-906605-91-0

定価800円＋税

刑事告発　東京電力

ルポ　福島原発事故

明石昇二郎　著

福一事故発生以降の著者の行動と、原発事故を招いた責任者らを刑事告発するまでに至った経緯を記録した迫真のルポ。

ISBN978-4-906605-80-4

定価1,700円＋税

無名人のひとりごと

永　六輔　著

揺るがぬ批判精神、機知に富んだ風刺、自虐ネタの数々――読みはじめたらおもしろくて止まらない、永六輔流つぶやきの集大成。

ISBN978-4-906605-89-7

定価1,500円＋税

『週刊金曜日』の出版物

はじめてのマルクス

鎌倉孝夫
佐藤　優　著

世にはびこる『資本論』解説書は間違っている！　マルクスの真の姿を子弟対談で解き明かす。問われるのは「カネか命か」。

ISBN978-4-906605-92-7

定価1,300円＋税

愛国者の憂鬱

坂本龍一
鈴木邦男　著

「教授、右翼と何の密談ですか!?」脱原発、憲法、天皇制、ヘイトスピーチ――日本を憂う二人が縦横無尽に語り尽くす。

ISBN978-4-906605-95-8

定価1,400円＋税

70年代
若者が「若者」だった時代

『週刊金曜日』編

閉塞感漂う二一世紀社会の端緒は七〇年代後半にあった。幅広いジャンルの一流執筆者たちが記した、「あの時代」の象徴的事象群。

ISBN978-4-906605-87-3

定価1,800円＋税

絶望という抵抗

辺見　庸
佐高　信　著

人間がここまでおとしめられた時代はない。憲法9条が破壊されようとしている今、私たちの覚悟が問われる。

ISBN978-4-906605-99-6

定価1,500円＋税

ピケティ入門
『21世紀の資本』の読み方

竹信三恵子　著

『21世紀の資本』の解説本は数あれど、ピケティの理論からアベノミクスを斬ったのは本書が唯一。世界的ベストセラーから学ぶ。

ISBN978-4-86572-000-6

定価1,200円＋税

★お求めは最寄りの書店へどうぞ。

『週刊金曜日』の発刊に寄せて（抜粋）

支配政党の金権腐敗、この政党に巨額献金する経済主流が見逃す無責任なマネーゲーム、巨大化したマス文化の画一化作用、これらは相乗効果を発揮して、いまや底無しの様相を呈し、民主主義の市民と世論を呑み込む勢いである。

この三つの荒廃には、さまざまな超越的、イデオロギー的批判が下されている。しかし、あまりものをいうようにも見えない。

むしろ、いま必要なのは、前途をどうすれば明るくできるか、その勢力と方法の芽生えはどこにあるのかをはっきりさせる内在的、打開的批判であり、この批判を職業とし、生活し、思想する主権市民の立場から実物教示してみせる仕事である。

いかなる機構、どんな既成組織からも独立し、読者と筆者と編集者の積極的協力の道を開き、共同参加、共同編集によって、週刊誌における市民主権の実をあげるモデルの一つを作りたいと願っている。

一九三五年、ファシズムの戦争挑発を防ぎ、新しい時代と世界をもたらすために、レ・ゼクリバン（作家・評論家）が創刊し、管理する雑誌として出され部数十万を数えた『金曜日（ヴァンドルディ）』の伝統もある。

読者諸君、執筆者諸君の積極的参加を心から期待したい。

久野　収